本質がわかる哲学的思考

Suguru Hirahara
平原 卓

KKベストセラーズ

はじめに

私たちは、哲学に対して、どのようなイメージをもっているだろうか。

偉人の言葉、先人の知恵、抽象的な言葉、あるいは、対話やディベートなど、様々なイメージがあるが、そこでは共通して、哲学とは過去の賢人たちが積み上げてきた知恵の体系、あるいは、様々な問題に対する解答集のようなものと見なされているのではないだろうか。

哲学の知恵は、いつでもつねに正しいものであり、前もってインプットしておけば、後々アウトプットして役立てることができるはずである。様々な哲学者の考えに触れておけば、その知恵を色々な状況で活用できるだろう……。そう思うひとも少なくないのではないだろうか。

哲学の学説を、そうした行動指針として解釈する試みは、珍しいものではない。

ただし、言うまでもなく、どの哲学者も彼らの「現在」を生きていた。彼らは、彼ら自身の時代における問題に取り組みながら、洞察を進展させた。この点から言えば、これまでの哲学の学説を、そのまま現代に応用することは、かなり強引な試みであると言わなければならない。

現代には、現代固有の問題がある。生命倫理、テロリズム、人工知能（ＡＩ）など、これまでの哲学ではほとんど考えられてこなかった問題が、私たちにとって次第に切実なものとなりつつある。

哲学は、そうした問題について考えていくための、思考の原理を示している。哲学の歴史は、その原理を導き、磨き上げてきたプロセスそのものにほかならない。

過去の哲学者たちが、それぞれの時代の問題に対し、どのように立ち向かったのか、その点を踏まえたうえで、哲学の根幹をなす思考の原理をつかみ、私たち自身の問題に取り組むための方法を洞察すること。ここに、哲学を学ぶことの重要な意味がある。

哲学を学ぶことの本質的な意味は、決して、物知りになることではない。時間と労力をかけさえすれば、哲学者たちがどのように考え、何を主張したかについての知識を得ることはできる。だがそれは、哲学を学ぶことの最終的な目的ではない。大事なのは、何が考えられるべき本質的な問題であり、それをどのように解くべきなのかを洞察することである。

哲学は、答えを教えるものではない。その代わりに、私たち自身の答えを作っていくための方法を示すものである。

現代の問題については、現代に生きる私たち自身で考えなければならない。過去の哲学から、それについての答えを掘り当てることはできない。それはまだ、どこにも存在していないのだ。

哲学は、いわば思考のリレーである。時代のうちで、より誰もが納得できる考えを導くべく試みてきた、哲学者たちの努力の軌跡である。その過程で生み出された方法を用いて、現代の問題に取り組むこと。この点に、私たちがいま哲学を学ぶことの意味がある。

哲学は、誰もが共有できる地点から出発して、ともに洞察を深めていくための方法を、歴史のうちで導いてきた。

歴史が教えているように、世界観や価値観の対立が、ついには戦争にまで至る事例は、数多く存在している。哲学は、そうした困難を踏まえて、対立を調停するための方法を作り出すべく、時代のうちで少しずつ思考を繰り広げてきた。その過程を確認することを通じて、私たちは、対立を乗り越え、多様性を尊重しつつ、ともに生きる可能性を導くことができるはずである。

＊

哲学の第一のテーマは、善悪や美醜といった「本質」である。本書では、哲学者たちがどのように本質について論じてきたか、また、その過程でいかなる困難に直面し、その困難をどのような方法で克服してきたかについて確認することにしたい。

哲学の歴史は、本質をめぐる議論の歴史であり、哲学の難しさは、本質を論じることの難しさと深く関わっている。本質を適切に論じる方法をつかむことができれば、哲学の意味や目的、哲学的思考の意義や可能性を深く了解することができる。そのとき私たちは、過去の哲学に頼らず、自分たちで考える力を手にしたといえるはずだ。本書が、そうした力を身につけるための一つの助けとなれば幸いである。

本質がわかる哲学的思考

目次

［序章］

哲学の方法

より深く考えるために

この章を読むことで
身につく哲学的思考

- ＞哲学的思考の核心がわかる
- ＞哲学の根本問題がわかる
- ＞哲学の目的がわかる
- ＞哲学との接し方がわかる

登場する主な哲学者

エトムント・フッサール

1859～1938年

オーストリア帝国（現・チェコ共和国）のユダヤ家系に生まれる。ライプツィヒ大学で数学、物理学、哲学を学んだのち、ハレ大学私講師、ゲッティンゲン大学教授を経て、フライブルク大学教授を歴任。超越論的現象学を創始。定年後も精力的に研究を続け、パリやウィーン、プラハなどで講演活動を行ったが、晩年はナチス政権下で研究活動が厳しく制限された。主著に『論理学研究』、『イデーン』、『デカルト的省察』など。

ルネ・デカルト

1596～1650年

フランスのトゥレーヌ、ラ・エーに法官貴族の子として生まれる。幼少期はラ・フレーシュのイエズス会の学院にて教育を受ける。在学時から学院の教育に不満を覚え、卒業後はパリ、オランダを旅行後、軍隊に志願。軍隊を離れてからは、哲学書の執筆に専念。晩年、スウェーデン女王に招致され、ストックホルムに転居したが、翌年同地にて客死。主著に『方法序説』、『哲学原理』、『省察』など。

哲学のイメージ

私たちは、哲学と聞いてどのようなことをイメージするだろうか。「難しい」、「役立つ知恵」、「名言」、「ありがたい教え」、「答えのない問いをつねに考え続けること」……。こうしたイメージが、おそらく一般的なものだろう。哲学は難しいが、だからこそ、そこに埋まっている〝偉人〟の知恵には、何らかのご利益があるに違いない、というわけだ。

確かに哲学は、そう簡単ではない。しかし、だからといって哲学は、意味もなくやたらに難しいわけではない。哲学の難しさには、きちんとした理由がある。そして、その理由を解きほぐすことができれば、哲学はより身近なものとなるはずだ。

哲学を難解なものとして崇《あが》めることも、簡単な言葉や図式に落とし込んで満足することも、哲学に対するごまかしだ。哲学の難しさの理由をきちんとつかむこと。それが、哲学を本当に理解し、活用するための第一歩になるはずだ。

哲学の種類

最初の導入として、まず、哲学の種類について確認しておきたい。
大きく分けて、哲学には次の3つの種類がある。

◎**西洋哲学**：古代ギリシア以降のヨーロッパ哲学
◎**中国哲学**：諸子百家
◎**インド哲学**：バラモン教哲学、仏教哲学

興味深いことに、これら3つのいずれにおいても、紀元前6世紀から5世紀にかけて、その誕生を印象づける中心人物をもった。古代ギリシアでは西洋哲学を始めたとされるタレス、中国では孔子、インドでは釈迦がそれぞれ活躍した。文化の相互の交流が存在しないにもかかわらず、ほぼ同時代に哲学が各地で始まったことは、なかなか興味深い。

さて、本書における中心軸をなすのは、第一に挙げた西洋哲学だ。

もちろん、ここでは後の2つを軽視するわけではない。中国哲学とインド哲学では、考えられるあらゆる思考の「型」が表現されており、それらの「型」は、時代を超えた思考の共通性を示している。その点を確認することに、哲学的に大きな意味があることは確かだ。

しかし、宗教や文化の違いを超えて、世界についての知を深めていくという観点から見れば、西洋哲学がそれら2つに対して優位に立っている。

中国哲学とインド哲学は、そこで示された洞察を誰もが理性によって確かめなおし、そこに問題があれば改善案を示すことができる、というようには行われていない。だが、まさに西洋哲学は、そのようなものとして、古代ギリシアから中世ヨーロッパを経て、近代、そして現代へと営まれてきたのだ。

私たちは、哲学というと、一子相伝の知恵のようなものを思い浮かべるかもしれない。古代の「偉人」たちの英知が発見した答えを、弟子たちが大事に温めてきたのだ、と。

しかし、実のところ、哲学はそのようなものではない。というより、そのような仕方で、それまでの哲学者たちの示した洞察を、検討せずそのまま受け入れることは、哲学の精神、いわばその「魂」に反することだ。

それまでのいかなる洞察も、私たちの理性によって、あらためて根本から検討すること。そのうえで納得すれば、その洞察を受け入れ、問題点を見つけたときは、それを解決しつつ、納得がより深まるような言葉を示す。西洋哲学はそうした方法で、言葉を試し合い、洞察をともに深めていくプロセスとして行なわれてきたのだ。

哲学の目的

では、哲学は何を目的として営まれてきたのか。

哲学は、何のためにあるのだろうか。

もちろん、哲学にあらかじめ決まった目的が備わっているわけではない。道具の用途が、そのつどの私たちの関心を軸として規定されるのと同様、哲学の目的もまた、私たちの関心に即して定まってくる。要するに、哲学を通じて何を達成したいのかということが、哲学の目的を定める根本の条件だ、ということである。

では、これまで哲学者たちは、哲学によって一体何を達成しようとしてきたのか。その点を表すキーワードとして、ここでは、**本質の共通了解**という言葉を置いてみたい。

優れた哲学者たちは、どこかに隠されている「正解」を発見しようとしたわけでも、あるいは、その「正解」をつかんで救いを得ようとしたわけでもない。適切に考えれば誰でも納得できるような仕方で物事の本質について論じ、本質についての納得をともに深めていくことを、哲学の主要な目的として定め、そのための方法を導くべく格闘してきたのだ。

本質と信念対立

ここでまず、本質という言葉について確認しておきたい。

本質というと、「本質を看破する」というように、通常は隠されている絶対の真理といった意味で用いられることが少なくない。しかし、哲学でいう本質には、そうした神秘的な意味はない。

本質とはシンプルに、ある物事の中心をなす意味のことをいう。

たとえば、この世界には、美人、美しい花、美しい絵、美しい建物、美しい行いなど、数々の美しいものがある。美の本質とは、それら個々の美しいものに共通する「美そのもの」のこと、それぞれの美しいものを貫く共通性のことである。

本質をめぐる信念対立

プラトン以来、伝統的に、哲学の目的は、ある物事の本質を明らかにすることに置かれてきた。善とは何であり、美とは何であるか。こうした問いについて、哲学者たちはそれぞれの洞察を哲学のテーブルの上に載せ、相互に検討することによって、本質についての共通の見解を導くことを試みてきたのだ。

もしその試みに何の困難もなければ、本質についての問いの多くは、ほとんどすべてに決着がつけられていたことだろう。だが、実際はそのようには進まなかった。

直接に見て取られた本質を表現しても、相互の同意は必ずしも成立せず、むしろ、本質をめぐって様々な意見の相違、あるいは対立が生じてくることが分かってきた。そして、その対立がエスカレートした結果、中世ヨーロッパにおける宗教対立といった形で、ついには暴力の応酬にまで至ることが、歴史の展開のうちで明らかになってきたのだ。

本質をめぐるこうした対立を、哲学では、**信念対立**と呼ぶ。

認識問題

本質をめぐる問いには、つねに信念対立のきっかけが潜んでいる。

善とは何かという問いは、「本当」の善をめぐる争いを生み出す。各自にとっての善がそれぞれ異なっていれば、善悪の基準は定められない。そして、最終的には、ただ力だけが、何が善であるかを定めるほかなくなる。

こうした状況のもと、近代哲学において、次の問題が根本的なものとして立ち現れてきた。それは、私たちは本質を正しく言い当てることができるのか、正しく言い当てられるべき本質の「正解」があらかじめどこかに用意されているのか、というものだ。

哲学では、この問題は**認識問題**と呼ばれる。

あらかじめ言っておくと、信念対立を避けつつ、本質についての共通了解を導くためには、認識問題を解くことが第一の条件である。認識問題を解かずして、何が真であり、何が善であるかということについて、誰もが納得する仕方で論じることはできない。その意味で、認識問題は、哲学の基礎問題であると言うことができる。本質についての問いは、その先にある応用問題だ。

確かに、認識問題は、哲学のなかでは地味な問題だ。しかし、基礎をおろそかにして応用問題に飛びつくと、強烈なしっぺ返しにあう。それが信念対立である。

デカルトの登場

古代ギリシアの時点から、すでに、絶対的に正しい知はどこにも存在せず、知はいつも相対的なものであるとする考え方があった。哲学ではこうした考え方を、懐疑論という。

懐疑論は、時代の一般的な世界観や価値観が大きな転換を迎えたときに、いつでもつねに現れてくる。

特に、中世ヨーロッパでは、ローマ・カトリックとプロテスタントの間の宗教対立や、数学や自然科学の発展などを受けて、それまでの伝統的なキリスト教的世界観の正しさが疑われるようになった。そのため、キリスト教の発展以来抑えられていた懐疑論が、次第に息を吹き返してきた。

こうした時代のなか、16世紀に、近代哲学の祖であるルネ・デカルトが現れた。そして、哲学のうちに、認識問題をテーマとして置いたのである。

認識問題をあらためて定式化しておくと、次のようになる。

◎主観（私の意識）は、客観（意識の外側にある事柄）を正しく写し取ることができるのか

◎その写し取りの正しさを証明するような基準は存在するのか

この問いに答えることができるかどうかは、実際、決定的な意味をもつ。なぜなら、もしその基準を見いだすことができれば、私たちは、自分の理性によって、主観と客観が正しく対応している場合とそうでない場合を厳密に区別し、真偽や善悪に関する正しい判断を自力で導くことができるはずだからだ。

この点に関して、デカルトは、主観による客観の写し取りの正しさを証明する基準を手にすることは原理的に不可能である、と考える。どれだけ考え続けても、その基準を見いだすことはできない。それはそもそも無理なことである、というのだ。

それはなぜか。

デカルトに従うと、次のようになる。
私たちはみずからの主観から抜け出て、客観を直接に確かめることはできない。いかなる認識も、この「私」のうちで行われる。客観そのものに到達することは、誰にもできない。だから、主観と客観を正しく写し取ることを証明する基準は、どこにも存在しない。これがデカルトの洞察である。

こう言われると、あたかもデカルトは、正しい認識は存在せず、ただそれぞれの見方があるだけだと主張したかのように思えるかもしれない。
だが、決してそうではない。なぜなら、デカルトは、私たち一人ひとりには生まれながらにして等しく理性が備わっており、そのことが、ある対象についての共通の見解を導くことの可能性を支えている、と考えたからだ。このデカルトの洞察は、その後の哲学の方向性を定める決定的なものとなった。

客観そのものに届かないことは、挫折を生む一つのきっかけとなりうる。だが、近代哲学者たちは、別の可能性を見いだそうと試みた。客観そのものを問わずに、本質についての共通了解を導くことはできるか。こうした問題を置き、それについて答えるべく、思索を続けたのである。

〈正解〉から〈了解〉へ

デカルトによって、客観そのもの、あるいは、本質そのものを直接つかもうとする試みは、原理的に無効であることが示された。以後、そうした試みは散発的にしか起こらず、主要な流れを形作ることはなかった。それはこれからも同じだろう。なぜなら、達成できないことを納得してしまった事柄を、私たちは目標とし続けることはできないからである。

では、どのような考え方を置けばよいのだろうか。何か、別のよい考え方はないのだろうか。

哲学では、この問いについて、次のように考えてきた。それは、本質についての唯一の正解が用意されていると考えることを止《や》め、本質についての共通了解を作り出すことへと、思考の方向を向け替えることである。

これが、信念対立を乗り越えつつ、本質についての了解を、ともに深めていくための方法として、哲学の歴史のうちで次第に深められてきた洞察である。

この洞察を、ここでは、正解命中型の思考から、共通了解創出－刷新型の思考への転換、と呼んでおきたい。

信念対立の代表例としては、ローマ・カトリックとプロテスタントの間の宗教対立、あるいは、自由主義と共産主義のイデオロギー対立を挙げることができる。

こう聞くと、信念対立は、自分には関係ない、どこか遠いところで起こっている出来事のように思えるかもしれない。だが、信念対立は、そうした大きな対立にすぎないわけではない。私たちが普段経験している、何が「よい」ことかについての対立も、信念対立の一つである。そして、この対立もまた、共通了解を通じてしか解決することができないのだ。

近代以降、現代に至るまで、信念対立は避けられない。それはたまたま起こるものではなく、きちんとした理由をもっている。

だから、その理由を明らかにし、それを防止する方法を置くことができなければ、その対立において勝ち残るか、諦めて屈服するか、我慢して緊張関係をやり過ごすかのいずれかしかない。勝つか、負けるか、にらみ合うか。それ以外の選択肢は存在しないのだ。

デカルトら近代哲学者たちが直面した状況も、そうしたものだった。だが、彼らはそこで、時代の感覚に合わせた「なぐさめ」の言葉を振りまくことはしなかった。その代わり、方法こそが新たな可能性を導くという確信のもと、信念対立を乗り越えるための原理を示し、それを鍛え上げてきたのだ。

現象学の考え方で、共通了解を

では、近代哲学の歩みは、具体的にどこに行き着いたか。それは、19世紀後半から20世紀前半に活躍した哲学者、エトムント・フッサールにより展開された**現象学**である。

現象学は、認識問題を解き、誰もが納得できる仕方で本質についての洞察を深めていくための方法を示している。これからの哲学にとって大きな可能性をもっていると言っても、決して過言ではない。

さて、ここで、ごく当然の疑問に答えておくことにしたい。

それは、前世紀に現れた考え方が、果たしてこれからの哲学に役立つのか、フッサールの現象学はもう古く、それ以降の考え方で乗り越えられているのではないか、というものだ。

たとえば、物理学や化学などの自然科学においては、既存の学説は、新しい学説によって絶えず置き換えられ、世界についての知識が深められている。哲学でも現代の難問に取り組むには最新の思想が最も適しているはずだと考えるのは、きわめて自然なことだ。

だが、その推論は差し当たり憶測にすぎず、そこに確固とした根拠があるわけではない。ここで考えなければならないのは、なぜ自然科学においては、そうした仕方で知識を深めていくことが可能なのか、ということだ。

その理由は端的に、自然科学では一般に、認識問題が顕在化するきっかけが存在せず、信念対立がほとんど起こらない、あるいは起こった場合でも、それを調停する仕組みが自然科学に備わっているためだ。

自然科学では、実験を通じて仮説の妥当性が検証される。同じ条件で実験を行ったときに、誰でも実験結果を検証できる限り、その仮説は誰にとっても妥当する学説として受け入れられる。

この開かれた検証可能性によって、私たちは、客観的な世界という像をつねに確かめなおしている。そして、これまでの学説では説明できない事柄に直面したとき、私たちは、新しい仮説を置き、実験を通じてその妥当性をあらためて確かめることで、世界像を刷新しているのだ。

一方、哲学で論じられる本質については、そうした仕方で検証することはできない。というのも、善や美といった本質は、個人的、文化的、時代的な差異をもつ意味あるいは価値であって、数値化できず、単位に落とし込むことができないからだ。

要するに、こういうことだ。

原子を1個、2個と数えるように、美を数えることはできない。「このひとはあのひとの2倍美しい」という言い方には、どうしても無理がある。それは私たちの実感に即さない以上に、哲学的に見ても、独断論を超えない。哲学で論じられる本質に関する共通了解を、自然科学でなされているように、数値と単位で達成することは、根本的に不可能なのである。

現象学的還元と本質直観

以上を踏まえると、問題は次のようになる。

数字と単位によらずに共通了解を達成することは可能なのか。可能であれば、それはどのような原理に基づかなければならないのか。そして、フッサールが展開した現象学は、その原理を示しているのか。

この問いに答えるためには、現象学が次の2つを示しているかどうかについて検討する必要がある。

◎信念対立の調停原理
◎共通了解の達成原理

初めに、前者について見ていこう。

フッサールは、信念対立を解くための原理として、**現象学的還元**という方法を示している。

現象学的還元のポイントを要約すると、次のようになる。

私たちは普段、世界そのものが目の前にあり、それについて正しく判断したり誤って判断したりしている、と考えているだろう。世界は私の存在とは関わりなく、それ自体で存在していると考えているはずだ。

現象学的還元では、このごく自然な考えを、あえてストップする。その上で、世界を「私」にとって現れている確信像として捉えなおし、その像がどのような要素をもっているかを、いまの「私」の知覚と記憶を振り返り、たどりなおして見て取る。そして、そこから誰にとっても受け入れられるであろう意味を言葉にして、概念へと落とし込む。

この作業を、フッサールは**本質直観**（**本質観取**）と呼ぶ。フッサールによれば、この本質直観が、共通了解の達成原理である。

本質を直観する、という言い方は、あたかもそれが隠された真理を言い当てることであるかのように聞こえるかもしれない。

だが、現象学的還元によって、本質そのもの（真の本質）が存在するという構えは、そもそも無効とされる。隠された真理があるという考えが、ここでは否定される。そのことが信念対立を乗り越えるために必要であると考えるのだ。


どこかに本質そのものが用意されているという考えをあえてストップし、本質は、差し当たり「私」にとってのみ妥当する確信であると考える。そのうえで、それぞれの確信から見て取った本質を言葉にして共通了解の営みへと置き入れ、それをともに検討し、本質についての納得を深めていく。

現象学では、こうした仕方で信念対立を調停しつつ、共通了解を達成することができると考えるのだ。

私たちの「答え」を作るための哲学

話が込み入ってきたので、ここでいったんまとめを置いておこう。

以上の議論をまとめると、次のようになる。

◎哲学の目的は、本質の共通了解である
◎本質については、信念対立が必然的である
◎信念対立を解き、共通了解を推し進めていくための方法は、現象学的還元と本質直観である
◎本質の「正解」を言い当てようとすることを止め、納得をともに深めていくことを目的とする

共通了解の営みにおいては、「正解」は用意されていない。だがそれは、答えはどこにもない、ということではない。

なぜなら、共通了解の営みのなかで、私たちは、自分たちで答えを作り出し、必要に応じて、それを刷新することができるからだ。

それまでの共通了解が、より深い納得を生み出すものによって置き換えられる可能性は、十分にある。というよりも、哲学はまさにその過程として、少しずつ歩みを進めて

きた。それぞれの哲学者が、それぞれの「現在」のうちで、誰でも納得しうる考え方を示そうとする努力の軌跡が、哲学の歴史をつむぎだしているのである。

時代の世界観や価値観が揺るがされたときに、どのようにその危機を乗り越えようとしたか。私たちが現代において、哲学者の考え方に触れることの一つの大きな意味は、その点を見ていくことにある。

なぜなら、優れた哲学者たちは、いずれも、それまでの常識がもはや有効でなくなった地点で、無力感と閉塞感を打ち破るための考え方を導くべく、言葉を重ねてきたからである。

哲学の動力源

哲学者の業績を正当に評価するには、彼らがその時代のうちで、いかに洞察を深めたかという観点から見ていく必要がある。

実際、歴史がどのように展開してきたかについての大まかなイメージがあるのとないのとでは、哲学に対する見方は大きく変わってくる。

歴史の全体像がつかまれていないと、哲学は、ただ過去の哲学者の学説をデータ化して暗記する「お勉強」となる。そのとき、哲学はただ無味乾燥な言葉が広がるだけの、つまらないものになるだろう。彼らの生きた時代を知ることが、彼らの哲学を身近に感じ、その意味をつかむ王道だ。

人間としての哲学者が、どのような問題に取り組んだのか。この観点から哲学と歴史の関係について確認していく際に役立つキーワードとして、ここでは**不安と戦争**の2つを挙げておきたい。

哲学が力強く発展した時期の付近には、社会秩序の動揺と、その結果としての戦争が見られる。たとえば、古代ギリシアにおけるペルシア戦争やペロポネソス戦争、中世ヨーロッパにおけるローマ・カトリックとプロテスタントの間の宗教戦争は、文化や宗教が異なる人間同士で共有できる知の必要性を痛感させ、哲学がその一歩を推し進めるきっかけとなった出来事として、着目に値するものだ。

近代哲学の完成者として知られるドイツの哲学者・ヘーゲル（1770〜1831年）は、『哲学史講義』で、調和をなす自由で美しい共同体が没落したことが、ギリシアのうちで哲学が登場するきっかけになった、と論じている。

この時代のギリシャの外的な歴史状況はといえば、ギリシャ哲学のはじまりは紀元前六世紀、キュロス王の時代で、小アジアではイオニアの共和国が没落する時期にあたっています。自力で高度な文化を形成したうつくしい世界が没落しつつあるとき、哲学が登場したのです。

このヘーゲルの説は、ヘーゲル独自の歴史観によって導かれてはいるが、それでもなお優れた洞察を含んでいる。

それはすなわち、共同体における世界観の調和が崩れるとき、その世界観の正しさをめぐる信念対立が生じるということ、そして、その信念対立に直面したときに、それを解決するための方法を導くべく、理性の努力が始まるということだ。

一般に、共同体の世界観が安定している間は、哲学が大きく進展することはない。それは、私たち自身の経験に照らしても納得できるだろう。生や世界に対して大きな不満がなく、比較的満足していれば、あえてその意味について考えなおそうとはしないだろう。それは、ごく自然なことだ。

世界観の動揺を、別のイメージによって「ごまかす」のではなく、それを理性によって根本から検討し、誰でも納得しうるようなものへ刷新する。その目的に向かう私たち人間の意志が、哲学の営みを駆動してきた動力源なのである。

哲学の鑑賞眼――デカルトからのアドバイス

以上を踏まえて、哲学の学説の評価基準を、次の3つに要約しておこう。

◎問題設定 …… どのような問題を解きたいのか
◎解法 …… どのような原理（考え方）で、その問題を解くのか
◎目的 …… その原理を置くことの意味は何か

一見したところ、哲学で示される概念は、抽象的で血の通っていない、無味乾燥なものに思えるだろう。だがそれは、より「よき」生を、誰もが送れるようになるための条件を導こうとする哲学者の努力の結晶であり、理性の芸術とも呼ぶべき、一個の作品である。

哲学の歴史をたどることによって、その作品を鑑賞する眼を養い、言葉に飲まれず、それを自分で判定する力を身につけることができるはずである。

この点に関して、デカルトは『精神指導の規則』という著作のなかで、私たちが哲学の歴史をたどってゆく際に、つねに念頭に置いておくべき事柄を鋭く示している。

古人の書物は読むべきである。というのは、かほど多くの人々の仕事をわれらが利用しうるということは、すでに正しく発見されたことを知るためにも、またすべての学問において今後発見すべきものとしていったい何が残っているかを覚るためにも、非常な利益だからである。しかしながら、これらの書物をあまり熱心に読むことの結果として、誤謬の汚点が、いかにそれを拒否し警戒していても、われわれに染みつくかも知れぬ、という危険は大いにある。

実際、過去の哲学者の著作を読む場合においても、そこに含まれている誤りを自力で見分けられるようにならなければ、哲学書を読む意味はあまり存在しない。

もちろん、最初の頃は、何が誤りであるかを見極めることはなかなか難しいだろう。

しかし、その場合でも、哲学者の説をそのまま信じ込むことはせず、あくまでも一つの説を超えない、というように判断を留保する態度を自覚的に心がける必要がある。なぜ自覚的かというと、デカルトの言うように、哲学者のなかには、初めの直感を信じ込み、そこへと巧妙に誘導するような議論を行うひともいれば、本来は簡潔で明晰《めいせき》な洞察を、あえて謎めかして、分かりづらく論じるひともいるからだ。

どんな哲学者の主張も、それを尊重しつつ、自分の理性できちんと吟味するまでは、参考意見を超えないものとして保留しておく。この態度をしっかりと守ることが哲学に向き合う際には、決定的に重要となる。

さらに、デカルトは、原理は可能な限りシンプルでなければならない、と語る。しばしば私たちは、複雑で難解な議論にこそ優れた洞察があると考え、シンプルな議論を軽視してしまいがちだ。だが、肝心なのは、洞察の難易度ではなく、それが誰でも受け入れられる、しっかりとした基礎に基づいているかどうかである。デカルトは次のように言う。

より困難なものを、より美しきものと見ること、これが人類の通弊である。大抵の人は、或る事物の全く明瞭単純な原因を見る時は、何事をも知ったとは思わず、他方哲学者たちの壮麗な深遠な議論を嘆賞する。それらは多く誰も充分見きわめたことのない基礎の上に立っているにも拘わらず。かく光よりも闇を好むとはまことに狂気じみているではないか。

私たち自身の理性で、原理に基づいて徹底的に検討して得られる知識は、他のどのような憶測や権威によっても揺るがされることはない。その点を見落として、自分の推測が正しいと強引に主張したり、あるいは、自力で吟味することを止めて「偉い」哲学者の意見に従ったりしてはならない。そうデカルトは主張するのだ。

根本から考える

確かに、哲学者の著作を目の前にすると、私たちは初め、彼らが天才であり、私たちの頭脳では決して分からない「高尚」な議論を行っているかのように思えるかもしれない。

しかし、哲学は第一に学問であり、「常人」に分からない神秘的な知恵を論じるものではない。なぜなら、方法に従って適切に考える限り、誰でも同じ洞察を導くことができる知の体系を、私たちは、学問と呼んでいるからだ。

哲学には、権威も神秘も不要である。必要なのは、それらを度外視して、これまでの知を私たち自身の理性で根本から確かめなおし、原理的に考えることである。そして、とりわけ西洋哲学は、そうした原理的思考の営みとして、プラトン以来、じっくりと少しずつ、しかし着実に展開してきた。

哲学の知恵は、単に、インプットした知識をアウトプットして利用できるようなものではない。絶対の「正解」は、もはやどこにも存在しないからだ。それを匂わせる言葉は、甘い嘘《うそ》である。

これまでの哲学者たちが示し、鍛えてきた原理を、あらためて検討し、より深い納得を生み出すものへと磨き上げる。そのうえで、その原理を用いて、私たち自身の問題に取り組み、私たち自身の「答え」を作り上げる。それが本当の意味で、哲学の知恵を活用するということである。

[第一章]

本質の哲学

「対話」という方法

この章を読むことで
身につく哲学的思考

>本質の意味がわかる
>本質についての考え方がわかる
>本質と「対話」の関係がわかる
>本質を知ることの意味がわかる

登場する主な哲学者

プラトン

前427 ～前347年

古代ギリシアのアテナイ（現在のアテネ）に生まれる。青年時代には政治への興味が強かったが、師・ソクラテスの死後、政治に幻滅し、その後、エジプトや北アフリカ、南イタリアなどを遍歴。40歳頃より、アテナイ市内のアカデメイアに学園を創設。その著書の多くが対話篇で構成されている。主著に『ソクラテスの弁明』、『ポリテイア（国家）』、『パイドロス』、『パイドン』など。

トマス・ホッブズ

1588 ～1679年

国教会牧師の次男として、イングランド・ウィルトシャー州マームズベリー近郊に生まれる。オックスフォード大学を卒業後、キャヴェンディッシュ男爵家の家庭教師となり、終生、文筆生活を送った。40代半ばにヨーロッパ大陸を旅行。デカルトなど同時代の知識人と交流を深めた。処女作『法学要項』発表後、有力な政治思想家として注目される。主著に『リヴァイアサン』、『ビヒモス』など。

哲学が取り組む主要なテーマを表す言葉に、真善美、というものがある。真とは何か、善とは何か、美とは何か。哲学は伝統的に、この3つのテーマについての洞察を深めることを中心の目的として営まれてきた。

その端緒を開いたのが、古代ギリシアの哲学者、**プラトン**（前427〜前347年）である。

プラトンは、本質についての洞察を深めることを哲学の根本的な課題として定めた。その点で、西洋哲学の本格的な幕開けを告げる哲学者として評価することができる。

プラトンの功績は、主に次の2点に要約することができる。

①哲学の歴史上、初めて、哲学が問うべき問題を意味や価値といった本質に置き、それについて優れた洞察を示した

②哲学を、本質についての納得をともに深めていくという共通了解の営みとして展開するための方法を示した

善とは何か、美とは何か、不安とは何か、勇気とは何か……。こうした本質に対する問いの形は、プラトンと、プラトンの師匠であるソクラテス（前470〜前399年）

によって示された。

ソクラテスとプラトンは、哲学の歴史において初めて、意味や価値を、哲学の営みにおける中心テーマとして定め、洞察を推し進めた。また、それとともに、それらに関する洞察を進めるための方法についても、画期的な洞察を置いた。

ソクラテスとプラトンは、意味や価値について哲学的に考えることの意味と、哲学的思考の方法の原型を、私たちに対し力強く示している。

哲学の始まり——タレス

プラトンの哲学を見ていく前に、まずは古代ギリシアで哲学がどのように始まったのかについて確認しておくことにしよう。その始点に位置する人物が、ギリシア七賢人の一人であるタレス（前624～前546年頃）である。タレスは、西洋哲学を創始した哲学者として知られている。

七賢人とは、紀元前6世紀前半のギリシアにおける優れた哲学者・政治家7人のことをいう。誰をその7人に含めるかについては諸説あるが、一般的には、タレスのほか、アテナイ（現在のアテネ）の政治家ソロン（前640～前560年頃）などが挙げられる。

哲学の進展が起こる条件の一つとしては、安定した社会秩序が揺らぎ、伝統的な世界観が疑われ始めることがある。その点でまさしく、当時のギリシア世界は、ギリシアの神話に基づく「常識」が崩れ始め、共同体の不安が高まりつつある時代だった。

たとえば、アテナイでは、市民が政治参加を求めて貴族階層に圧力を掛ける一方で、農民階層と貴族階層の間の貧富の格差が広がり、大きな社会問題となっていた。

この問題に対して、ソロンは、債務の帳消しによって農民を解放し、家柄ではなく財産によって市民に参政権や軍務を課すなどの改革を行い（ソロンの改革）、紀元前5世紀に黄金時代を迎える、アテナイ民主政の基礎固めを行った。

だが、そもそもなぜ、そうした問題が生まれるに至ったのだろうか。

その背景には、もはや現在の状況は、文化や神話の伝統的な「教え」によっては正当化しえないという意識が、人びとの間で生まれ、広がったことがある。

もし現在の状況はあらかじめ定められたものだと強く信じられていれば、どれだけ絶

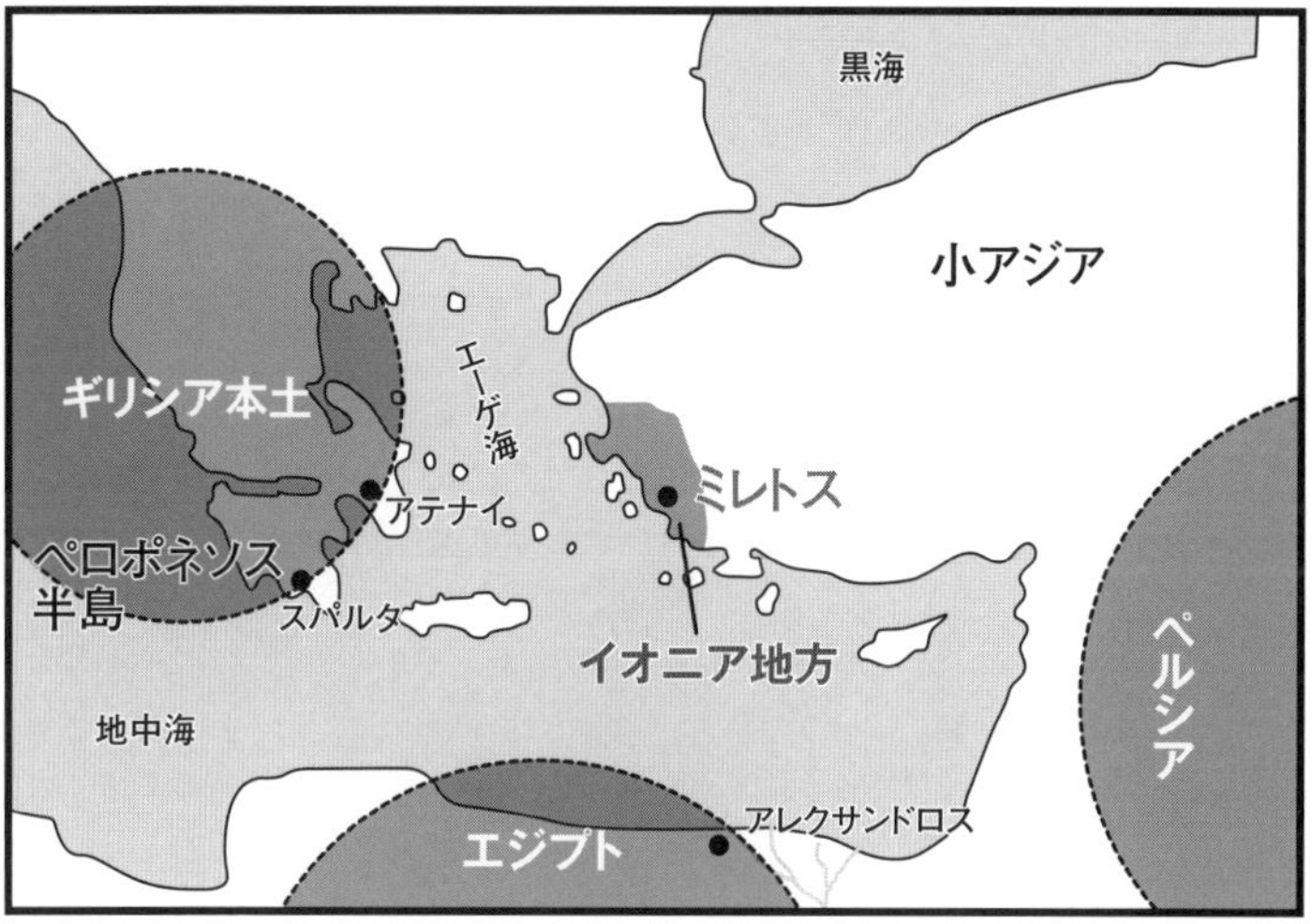

望的な状況でも、現状に対する不満は表現されないだろう。その代わりに、現状は運命として捉えられ、それを受け入れられるかどうかが主な問題となるだろう。

だが、当時のアテナイでは、伝統的な文化の力が失われるとともに、現在の状況は正しうるし、正されるべきだという意識が生まれた。そこから、現状を正当なものへと改めるよう求める声が表現されるようになったのである。

タレスもまた、ソロンと同様、伝統的なギリシアの神話による世界観が、もはや善悪や正不正を保証する根拠とならないことをつかんでいた。まさにその洞察が、哲学を生み出す条件として働いたのだ。

タレスが活躍したのは、ギリシア本土の対岸、小アジア（現在のトルコ）のイオニア地方にあるミレトスである。

ミレトスで哲学が誕生した一つの背景には、その地理的な条件がある。港町であったミレトスは、紀元前8世紀頃から経済的・商業的に繁栄していた。ギリシアの文化圏のうちにありつつも、地中海や黒海に多数の植民市を建設したほか、エジプトにも進出した。当時のギリシア世界において、ミレトスは、様々な文化が行き交う先進的な商業都市だった。

こうした状況では、ギリシア神話が特権的な優位を保つことはできない。複数の神話が並立し、ギリシア神話は、他の神話と並ぶ一つの神話へと相対化される。そのとき、神話による説明は、文化の限界を超えられないこと、また、文化固有の世界観が対立したときに、それを調停できないことがつかまれる。

こうした状況のもと、神話の相対性についての認識が、ミレトスにおいて、哲学の成立を促したのだ。

タレスは、万物の起源は水である、という考えを示したと伝えられている。

なぜ水なのかという点に関して、タレス自身の言葉は残っていない。プラトンの弟子アリストテレスは、『形而上学』のなかで、あらゆるものの栄養になるものには湿り気があり、湿り気のもとには水があると考えたからではないか、と論じている。

水が概念だと言われても、なかなか納得できないかもしれない。だが、ここで重要なのは、**言葉や文化の違いにかかわらず、水が何であるかは誰でも理解できる**ということだ。

タレスは、水を概念として捉え、それを世界を形作る第一の単位に設定し、その基礎単位をもとに世界を統一的に説明しようと試みた。性別や人種、文化の違いにかかわらず、誰でもその意味が分かる概念をもとにして、世界像をあらためて構築しようとする学問の営みが、タレスによって始められたのだ。

タレスは、水を原理としつつ、幾何学と天文学を通じて、それまでのギリシアの世界像を置き換える洞察を展開しようと試みた。

たとえば、古代ギリシアの伝記作家プルタルコス（英語名はプルターク）の弟子であるプロクロスは、タレスはギリシア世界で初めて幾何学を発見し、二等辺三角形の底辺上の二つの角が等しいことや、円が直径によって二等分されることをギリシアで初めて論じた、と述べている。

また、3世紀頃のギリシアの伝記作家であるディオゲネス・ラエルティオスは、タレスがギリシア世界で初めて天文学の研究を行い、太陽の軌道を発見した、と伝えている。「歴史の父」と呼ばれるヘロドトスも、主著の『歴史』において、タレスが日食の起こる時期を予告し、見事それを適中させたと述べている。

確かに、当時は地動説どころか、天動説も存在しなかったし、16世紀にガリレイとケプラーが現れるまで、月や太陽といった天体についての具体的な知識は存在しなかった。タレスの洞察は一つの推論であり、実験や観察による検証を求める近代の自然科学の基準に照らせば、科学的ではない。

だがタレスが、任意の神話に依拠せず、理性を原理として世界を捉えなおす学問的態度を取ったことには、決定的な意味がある。このタレスの一歩があればこそ、近代以降の自然科学の展開も起こりえたのだ。

哲学は、神話の価値それ自体を否定するわけではない。神話には独自の意義、存在理由がある。人類の「進歩」により神話がいずれ消滅すると考えることには、何の根拠も存在しない。

だが、ここで肝心なのは、ある神話のうちから、神話同士の対立を解決する原理を導くことはできないということだ。そして、まさにその点に、哲学が誕生した一つの決定的な理由がある。

神話は本質的に、文化に固有のものである。ある神話が、別の神話に対して優位に立つことはできない。神話同士の対立を調停する、より上位の神話はそもそも存在しえない。

一方、概念には、時代や文化の違いを超えて受け入れられる可能性がある。この可能性を、哲学では**普遍性**という。タレスをはじめとする古代ギリシアの哲学者たちは、概念がもつ可能性への確信をもとに、世界を普遍的に説明するための概念を導くべく、哲学の営みを推し進めた。

神話の相対性と、概念の普遍性。

この2つに対する了解が、哲学の成立を促す動因として力強く働いたのだ。

イデア説

ソクラテス以前の哲学者と、ソクラテス、プラトンの間には、一つの区切りがある。そのことは、ソクラテス以前の哲学者たちが「前ソクラテス期の哲学者」としてまとめて扱われていることにも示されている。それだけソクラテス、プラトンの哲学は画期的だったのである。

では、彼らの哲学の何が画期的だったのだろうか。

それは、意味や価値といった本質を、哲学の問うべきテーマとして定めたことにある。

プラトンは、本質を、**イデア**という概念で呼ぶ。イデア説は、プラトンの哲学を特徴づけるとともに、古代ギリシア哲学から中世ヨーロッパの哲学を経て、17世紀のデカルトに始まる近代哲学に至るまで、大きな影響を与え続けた。タレスから始まった西洋哲学は、プラトンのイデア説により、大きな展開を見せることになる。

では、イデアとはどのようなものだろうか。プラトンによれば、それぞれの対象は、あるイデアを分けもっている（＝分有している）。イデアとは、ある対象を、それたらしめている「核心」のことである。私たちはそのイデアが何であるかをすでに知っているので、ある対象を見たときに、それが何であるか分かるというのだ。

その意味は、こうである。

たとえば、次のような問いを考えてみよう。

目の前にたくさんのペンがある。ボールペン、フェルトペン、シャープペンシルなどがテーブルの上に並んでいる。世の中に一つとして同一のペンは存在しない。だが、一目見ただけで、それらがペンであることが分かる。それはなぜだろうか。

あるいは、次のような問いでもよい。

私たちの一人ひとりの顔は、目や鼻の形、大きさ、表情などにおいて少しずつ異なっている。だが私たちは、どれも顔であることが分かる。これは一体どうしてだろうか。

こうした問いについて、イデア説の観点からは、次のように言うことができる。

それぞれのペンは、ペンのイデアを分けもっており、それぞれの顔は、顔のイデアを分けもっている。それらのイデアが、それぞれの対象を成り立たせている。そして、私たちはイデアをあらかじめ知っているので、異なるペンや顔を見ても、それが何であるかが分かるのだ、と。

想起説

だが、ここですぐに次のような問題が現れてくる。

「いかにして私は、ペンのイデアを知ったのだろうか？」

私たちの目の前にあるのは、あくまで個々のペンであって、ペンの本質ではない。本質は意味である。意味は、モノのようにどこかに転がっているわけではない。だが、ペンをそれとして認識できるからには、ペンの本質が存在しないわけではない。もしそうでなければ、ペンを見ても、他のものと区別することができないだろう。

ここに問題の核心がある。

本質は存在する。では、それはどのように存在するのか。

この問題は、プラトン以来、哲学で長く問われることになるテーマの一つである。

プラトン自身は、この問題について、**ミュートス**を用いて議論を行っている。ミュートスとは、物語を意味するギリシア語であり、英語でいう神話 myth の語源となった語である。

プラトンは、イデアを知る実際の過程を説明できるのはただ神のような存在だけであり、人間は物語を通じてしか、それについて語ることはできないとして、独自の物語を示している。中期の代表的な著作の一つである『パイドロス』には、次のような物語が描かれている。

――私たちの「魂」には翼があり、天上にあるイデアの世界を巡り回る。イデアの世界で、魂は、様々なイデアを見て回り、そうすることで、イデアについての知識（正義そのもの、美そのものなどについての知）を得る。

魂は翼を失うと、地上の世界へと落ちてきて、肉体のうちに入り込み、この世に生を受ける。こうして人間が生まれる。私たちが何かを見て、それが何であるか分かるのは、天上で見てきたイデアの記憶を思い出すからだ――。

プラトンのこの説は**想起説**と呼ばれる。何かを認識するとは、かつて天上で見たイデアを思い出し（＝想起し）、それをあらためて把握することである。そのようにプラトンは論じるのだ。

想起説の説くもの

この物語は、あまりに現代の世界観の水準からかけ離れているため、ナンセンスであり考慮に値しない、と片付けてしまいたくなるかもしれない。

確かに、現代においては、プラトンの物語を、説得力あるものとして受け入れることは不可能である。

だが、現代の視点からプラトンの想起説を批判することは、哲学的には無意味である。なぜなら、ここで大事なのは、想起説の意味を見て取り、そこから何が受け取れるか、という点にあるからである。

そうした観点から想起説をあらためて捉えなおすと、次のように考えることができる。

善や美の本質を、ある任意の前提をもとに定義することはできない。なぜなら、それらの本質は、私たち自身の様々な経験を踏まえて、暗黙のうちに作り上げられた確信像にほかならないからだ。

その点からすれば、本質の確信像をなしている「核心」をあらためて自覚的に確認しようとするとき、私たちは記憶に頼らざるをえないことが分かる。

たとえば、「善の本質は何か」という問いについて考えるとしよう。

そのとき私たちは、「どのようなときに『これがいい』と感じただろうか」というような問いを立てて、これまでの記憶を振り返り、そこからポイントを見て取ろうとするはずだ。

素晴らしい芸術作品を鑑賞したとき。会社で仕事の業績が認められたとき。電車のなかでお年寄りに席を譲ったとき。友達との約束をきちんと守ったとき。学校のテストで高い点数を取ったとき……。こうした記憶を思い出すことで、私たちは、善の確信像がどのような経験によって支えられているかを見て取ることができる。

善の本質は、私たち自身の記憶からつかまれる。それはいわば、記憶のうちに眠っているのだ。

だがそれは、暗記した情報を取り出すように思い出せるわけではない。というのも、善や美についての記憶は、差し当たっては意識へと浮かび上がらずに、私たちの感受性を無意識的に支えているからである。

善についての「正解」が、脳内にデータとして保存されているわけではない。そのことは、私たち自身で試してみれば分かるはずだ。暗記した日本史の年号を思い出すように、善についての記憶を思い出すことはできないだろう。

ここでは、ただ自分の経験を振り返り、その経験に潜む感触を、誰にとっても伝わる言葉に落とし込む以外の方法は存在しない。脳に汗をかき、頑張って想起して、それを概念へと仕上げるしかないのだ。

対話によって共通了解を作り出す——ディアレクティケー

プラトンの著作は、対話篇と呼ばれる。プラトンの師であるソクラテスや、彼の取り巻き、論争相手が登場して、徳とは何か、善とは何か、美とは何かといったテーマをめぐり、それぞれが自説を披露し、その後でソクラテスが、それぞれの主張がもつ矛盾や一面性などを指摘して、別の説を示す……というようにして議論が進んでいく。

もちろんプラトンは、実際に行われた議論を書き起こして、それを作品としたわけではない。プラトンの著作には歴史上実在したことが知られている人物が数多く登場しているが、プラトンが、作中でどこまで彼らの実際の思想を反映させたかについては、判定しがたいところがある。

だがここでは、プラトンが、それぞれの登場人物に立場を割り当てて、その人物を通じて様々な意見を自由に交流させた、と見るほうがよい。つまりプラトンは、任意の立場に肩入れせず、想定できる様々な見解を並べて、どれが最も説得力をもつと言えるか、と考えたのだ。

ここで興味深いのは、プラトンが、それぞれのテーマに関して、作中で上手く洞察を進めている場合もあれば、結論を示さずに議論を途中で切り上げている場合もあるということだ。

普通、結論が示されていないと、それは欠点だと思うだろう。だがプラトンは、結論を示し忘れたのでも、それをごまかしているのでもない。そうではなく、本質についての洞察は哲学の営みのうちで次第に深められていくという確信のもと、あらかじめ答えを前提せずに、洞察を試みているのだ。

その試みを支える基本の方法を、プラトンは**ディアレクティケー**（哲学的問答法）と呼んでいる。

プラトンの主著の一つ『ポリテイア（国家）』に、次のような文章がある。

ひとが哲学的な対話・問答によって、いかなる感覚にも頼ることなく、ただ言論（理）を用いて、まさにそれぞれであるところのものへと前進しようとつとめ、最後にまさに〈善〉であるところのものそれ自体を、知性的思惟のはたらきだけによって直接把握するまで退転することがないならば、そのときひとは、思惟される世界（可知界）の究極に至ることになる。

何が善であるか、何が真であるかについて、共同体の習俗は、ある特定の「教え」の形で説く。だがそれは、具体的なイメージを超えず、理性によって確かめられ、受け入れられた知ではない。

それを理性によって徹底的に検討し、そのイメージに共通する本質を、哲学の営みのうちで見て取ること。それが「真」の知に到達するための条件である……。そのようにプラトンは考えるのだ。

一見したところ、ディアレクティケーは、あたかもイデアの「正解」に達することを保証する方法であるかのように思えるかもしれない。ディアレクティケーを続ければ、いずれイデアに到達できるのだ、と。こうした論理に、「話し合えばいつか必ず分かり合えるはずだ」という甘いロマンを認めることは難しくない。

一九世紀の哲学者、ニーチェ（1844～1900年）は、『悲劇の誕生』で、そうした考えを「美的ソクラテス主義」と呼んだ。ニーチェは、ディアレクティケーはイデアに到達することを保証する方法として示されており、本質的に「楽天主義」であるとして、ソクラテスとプラトンを厳しく批判している。

すべての生産的な人たちの場合には、本能はきまって創造的・肯定的な力であり、意識こそ批判的・警告的役割をもつものなのに、ソクラテスにおいては、本能が批判者となり、意識が創造者となっているのだ。――これこそまったく欠陥から生まれた真の怪物ではないか！

ニーチェの批判の要点は、ソクラテスとプラトンの哲学は、ディアレクティケーの論理に収まりきらない新しいものを生み出すパワーを抑圧している、ということにある。

ソクラテスとプラトンに対する批判は、ニーチェの哲学を一貫している。たとえば、中期の著作『人間的、あまりに人間的』においては、ソクラテスは彼以前の哲学の発展を破壊し、そこから「哲学的人間の高級な原型」を見いだす可能性を永久に失わせてしまった、と述べている。

また、遺稿集の『権力への意志』では、ソクラテス以来のヨーロッパ哲学は、ディアレクティケーを通じて「真の世界」に到達できるというロマンと、現実を否定して空想へと逃げ込む弱さを共有している、と批判している。

だが、プラトンは、どのような問題も対話を通じて解決できるとか、対話に適していると考えたわけではない。プラトンは決して対話万能主義には陥らなかった。ニーチェの批判は、かなり極端なものだ。

すでに確認したように、プラトンは、イデア説を独断論として示したわけではなく、自覚的に一つの物語として示した。その上で、本質を、言葉による共通了解の営みにおいて見て取られるものとして位置づけたのだ。

プラトンは、『パイドロス』にて、弁論の技術を追求するひとは初めに次の2つを行う必要があるとしている。

①複数の考えが成立せざるをえない事柄と、そうでない事柄の特徴を捉えること
②自分が論じようとするテーマがどちらに属するかを見て取ること

この観点から言えば、数学や自然科学における共通了解は、善や美に関するそれよりも、比較的容易に導くことができる。

その理由は次の点にある。すなわち、前者においては、数や原子といった基本単位を定義し、その定義が共有されれば、誰でも検証可能な洞察を展開できる。一方、後者に関しては、価値の基本単位は厳密に一致させることができず、それゆえ同一の洞察を導くことはできない。

プラトンは著作のなかで、必ずしも結論を示しているわけではない。だがそれは、洞察が徹底していないからではない。それは、対話のテーマが善や美といった価値であり、それらについて任意の独断を示すことをみずからに堅く禁じているからである。

本質はある。だが、それを直接に言い当てることはできない。私たちにとって可能なのは、それぞれの経験に共通する意味の核心を言葉にして、相互に確かめあうことだけ

である……。

プラトンがみずからの著作のうちで行っているのは、まさにその試みである。結論を独断せず、対話を途中で切り上げることによって、プラトンは私たちに対し、共通了解を導く哲学の営みへと参加するよう、静かに誘いかけているのだ。

本質は「どうでもよい」もの？

ここで、本質という概念について、次のように思うかもしれない。

――私たちは普段から、共通項としての本質を見て取っている。ペンが何であるか、あるいは、家が何であるかということは、言われなくてもすでに知っていることである。そうであれば、あらためて本質直観を行うことに、一体どれだけの意味があるのだろうか？　当たり前のものをわざわざ表現して、それが何になるのだろうか――？

たとえば、20世紀の哲学者、マルティン・ハイデガーは、共通項としての本質は、何に対しても当てはまる「どうでもよいもの」でしかない、と述べている。また、ハイデガーのもとに留学した日本の哲学者、九鬼周造《くきしゅうぞう》も、ハイデガーにならって、本質直観は、いままさに「私」が生きているという具体的な事実を否定し、抽象的な共通性を言葉にするだけの作業にすぎない、と論じている。

確かに、もし本質の共通性があらかじめ存在しているなら、本質直観は、それを再確認して書き起こすだけの作業になるだろう。また、プラトンのいうディアレクティケーは、初めから分かっている答えを言葉にするだけの営みにすぎなくなるだろう。

だが、実際はそうではない。なぜなら、ある対象の本質は「私」にとっての確信像であり、それは経験の一貫性によって支えられているものであるからだ。

本質は、経験の一貫性に支えられた確信像である

序章では、本質を、事実との対比で特徴づけておいた。ここでは、本質のもう一つの特徴として、それが経験の一貫性によって支えられていることについて見ておきたい。

たとえば、目の前にコップがあるとしよう。

私たちは、そのコップをぐるりと眺め回さなくとも、一目見ただけでそれがコップであることが分かる。それは、コップを見たり実際に使ったりする経験をもとに、「コップとはこういうものである」という仕方で、コップの一般的な意味が、すでに確信像として成り立っているからだ。

経験の一貫性に応じて、本質の確信像が形成される。ここから言えるのは、いったん成立した確信像も、経験の質に応じて変化する可能性をもつということだ。ある対象の本質は、最初から不変のものとして定められているわけではない。経験のあり方が変われば、確信像も変わりうるのだ。

たとえば、次のような例で考えてみよう。

——文房具屋で、ボールペンの棚から、ペンを取り、試し書きをしてみる。そのとき、ある違和感を覚える。

「あれ、何か変だぞ」

ペンをあらためて手に取り、説明書きのシール、ペンが並べられていたコーナーをよく見てみる。そこには次のようにある。

「史上初！　ボールペン風の書き心地を再現したサインペン」

あ、そうか。これはボールペンではなく、サインペンなのか。言われてみれば確かにそうらしい。だが、違和感が相当目立つ。まだまだ改良の余地があるな――。

ここで起きているのは、経験の一貫性が途切れ、あらためて自分の知覚を確かめなおしたところ、「これがボールペンである」という確信が、「これはボールペンを模したサインペンである」という確信へと編み変わった、ということである。ボールペンとはこういうものである、という確信が、別の経験を踏まえて、より豊かなものに置き換えられているのだ。

私たちは、本質という言葉から、揺るぎなく存在している物事の真理、というようなイメージをもつかもしれない。

だが本質は、あくまでも確信像を超えない。

本質がそれ自体として客観的に存在していると考えてしまうと、真の本質をめぐる信念対立が生まれざるをえない。近代哲学以降、哲学が取り組んできたのは、まさにこの問題である。

この問題について、現象学の観点からは次のように考える。

私たちは、それぞれ異なる経験をしているため、形成される本質の確信像は少しずつ異なるものとなる。数学や論理学など、厳密な一致が成立しうるものもあれば、善悪や美醜のように、厳密な一致が成立しえないものもある。

それゆえここでは、どのような本質については、どこまで一致が成立しうるかについての構造を見て取ることが、決定的な意味をもつ。

なぜか。本質をめぐる独断論同士の対立を調停するためだ。

本質がそれ自体で存在していると考える限り、独断論同士の対立は避けられない。そこで現象学では、本質そのものが存在すると見なす態度をあえてストップする。そのうえで、本質を確信像として捉えなおし、その確信像のうちから、誰でも納得できる要素を見て取る。こうして本質をめぐる対立を乗り越え、共通了解を導くことが可能となる、と考えるのだ。

ところで、ハイデガーは『哲学とは何か』において、次のように近代哲学を批判している。

確実性が真理の標準的な形式となります。認識のいつでも達しうる絶対的確実性への信頼の気分が、あくまで近代哲学のパトスであり、それゆえそのアルケーなのです。

ここでハイデガーは、近代哲学では、理性や自我は対象を正しく客観的に写し取る能力として規定されており、その能力は最初から信頼されている、と論じている。だが、ハイデガーの批判とは異なり、近代哲学は決して、ある対象はいつでも正しく知りうるという信頼、あるいは安心感に浸っていたのではない。

近代哲学は、認識問題を解き、本質をめぐる信念対立を調停して、本質についての共通了解を深めるための原理を導くことを第一の目的とした。そこにあるのは、確実性への信頼の気分ではなく、信念対立は乗り越えられるのか、そのための方法はあるのか、という問題意識である。

認識問題を解決するためには、現象学の考え方に基づき、客観そのもの、対象それ自体といった「正解」を的確に表現するという態度を、共通了解を創出し、それをより誰もが受け入れられるものへと刷新するという態度に向け変える必要がある。

本質を確信像と見なし、その確信像の内実を概念によって表現して、それを相互に確かめあう。この営みのうちに、本質に関するより普遍的で、開かれた共通了解を導く可能性が存在するのだ。

近代哲学の場合——トマス・ホッブズ

ここで、そもそもなぜ近代哲学において認識問題が重要な問題となり、共通了解という原理が大きな意味をもったのか、その理由について確認しておきたい。

中世ヨーロッパでは、ローマ・カトリックとプロテスタントの間の宗教対立が、ヨーロッパ中を巻き込む戦争に至るほどの深刻なものとして展開した。その理由の一つは、何が善であり悪であるかについての共通了解が、根本から揺るがされたことにある。

善悪の共通了解は、人間社会を支える第一の合意である。というのも、その共通了解によって初めて、私たちは共同体のルールを定めることができるからだ。善悪の共通了解が存在しなければ、財産の強奪も、殺人さえも批判することができない。
では、善悪の共通了解が失われるとどうなるか。
答えはシンプル、戦争である。

動物は縄張り争いは行う。だが戦争は行わない。戦争を行うのは、ただ人間だけである。善悪の共通了解が失われ、社会秩序が崩れたときに、死の不安から生存を求めて戦争が起こるのは、きわめて「人間的」である。

戦争は決して、反人間的な狂気の所産ではない。それは善悪の共通了解が失われたという事実が導く、自然の帰結である。

戦争は残酷だ。しかし、それを反人間的な悲劇として片付けている限り、戦争を抑制する原理を導くことはできない。近代哲学は、その事実を受け入れることから始まったと言っても、決して過言ではない。

この点については、デカルトとほぼ同時代に活躍したイングランドの近代哲学者、トマス・ホッブズ（一五八八～一六七九年）が優れた洞察を示している。

ホッブズは、主著『リヴァイアサン』において、次のように述べている。

共通の権力が存在しないところに法はなく、法が存在しないところには不正はない。力と欺瞞は戦争における二つの主要な美徳である。正義と不正義とは肉体と精神のいずれの機能でもない。

初めに正義は存在しない。初めに存在するのは、戦争状態である。戦争が起こることには、きちんとした理由がある。そうホッブズは論じる。

ただし、ホッブズは「どうせ人間は生存を求めて争う存在にすぎない」と論じているわけではない。なぜなら、ホッブズにとっての問題は、戦争状態が生じる条件を明らかにしたうえで、それを終わらせるための原理を導くことはできるか、という点にあったからである。

この点について、ホッブズは次のように論じている。

人間は理性の示唆によって、たがいに同意できるようなつごうのよい平和のための諸条項を考えだす。そのような諸条項は自然法とも呼ばれる。

戦争状態を収めるための原理は、キリスト教の教えや文化固有の伝統、あるいは「常識」や「人の道」などのうちには存在しない。戦争状態を解決するための根本的な原理は、私たち人間自身のうちから導き出すしかない。ホッブズはそのように考え、そこから理性というキーワードを取り出したのだ。

ここで注意すべきだが、ホッブズは、理性が平和の諸条項を考え出す、とは言っていない。ホッブズが言っているのは、理性だけでなく不安や欲望といった感情も抱えた人間が、理性が導く選択肢をもとに、ともに同意できる諸条項を考えることができるということである。これは、最後は理性が何とかしてくれる、といった安易な考えとは、まったく異なるものである。

ホッブズは、宗教や文化の「掟《おきて》」以外に正義の根拠はありうるのか、また、何が暴力に対抗できる原理となりうるか、という問いをとことん突き詰めて、理性を可能性として導き出したのだ。

では、ホッブズがこうした考え方を導いたことの意味は何だろうか。

その点をつかむには、ホッブズが『リヴァイアサン』を著した当時のイギリス（イングランド）の政治的な状況について確認するのが一番の近道だ。

当時、イングランドは、ピューリタン革命（清教徒革命）の最中にあった。

国王チャールズ一世は、君主の権利は神から授けられたものであるとする王権神授説を信奉しており、議会の同意を得ずに課税を強化したり、スコットランドとの間で勝手に戦争を行おうとしたりするなど、専制政治を行っていた。

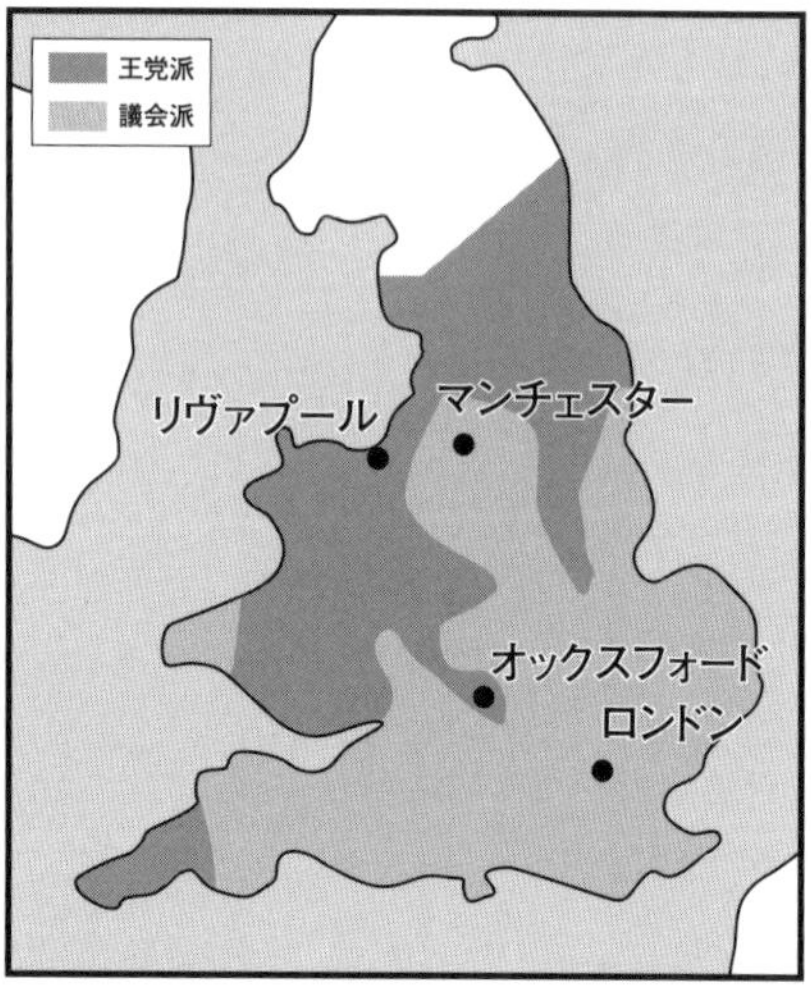

1642年のイングランド内戦勢力図

これに対し、改革派の議員は、チャールズ一世を痛烈に批判する抗議文を議会に提出した。抗議文は、イングランドの君主制に対する批判を含む、きわめて過激なものだった。そのため、イングランド国内は、抗議文を支持する議会派と、チャールズ一世を支持する王党派に分かれて対立し、国を二分する内戦が起こった。

初めは王党派が有利に戦局を進めたが、ついには議会派の勝利に終わった。だが、今度は議会派の内部で、王党派との和解を望む主流派と、王党派の殲滅《せんめつ》を主張する独立派に分裂する。

その後、独立派が、王党派と主流派に対して勝利を収め、独立派の指導者であったクロムウェルは、1649年、チャールズ一世を処刑し、共和国を樹立するとともに、議会を強制的に解散して軍事独裁を行った。

しかし、軍事力を背景に成立した政治体制は、強力な支持基盤をもたず、地方行政は麻痺状態に陥ってしまう。その間、王党派と議会派の間で和解が進み、市民の間からも、王政復古を望む声が高まった。そして、クロムウェルの死後、軍はチャールズ一世の子、チャールズ二世を王位に迎え、ピューリタン革命は幕を閉じた。

君主制から共和制への転換、そして君主制の復活。『リヴァイアサン』は、こうした不安定な社会情勢のうちで著された。誰もが平和を享受できる社会の原理を打ち立てることを目的に、ホッブズは同書を著したのだ。

プラトンの場合

プラトンが青年期を送った古代ギリシアのアテナイにおいても、ホッブズの場合と同じく、政治的混乱が起こっていた。

ギリシア七賢人の一人、ソロンによる改革を基礎として、アテナイは、プラトンの一世代前にあたる政治家のペリクレスの頃、黄金時代を迎えていた。

ペリクレスは、政治権力を民会、評議会、民主裁判所といった機関へと移して、アテナイの民主政を完成させた政治家である。パルテノン神殿の建設など、文化面でも様々な功績を残した。ギリシア三大悲劇詩人の一人であるソフォクレス、プラトンの対話篇にも登場する哲学者のアナクサゴラスや、ソクラテスとも交流があったようである。

ペリクレス時代に、アテナイは、前492年から3回にわたって起こったペルシア戦争を受けて結成したデロス同盟の盟主となり、この同盟を利用してギリシア世界における覇権を確立した。

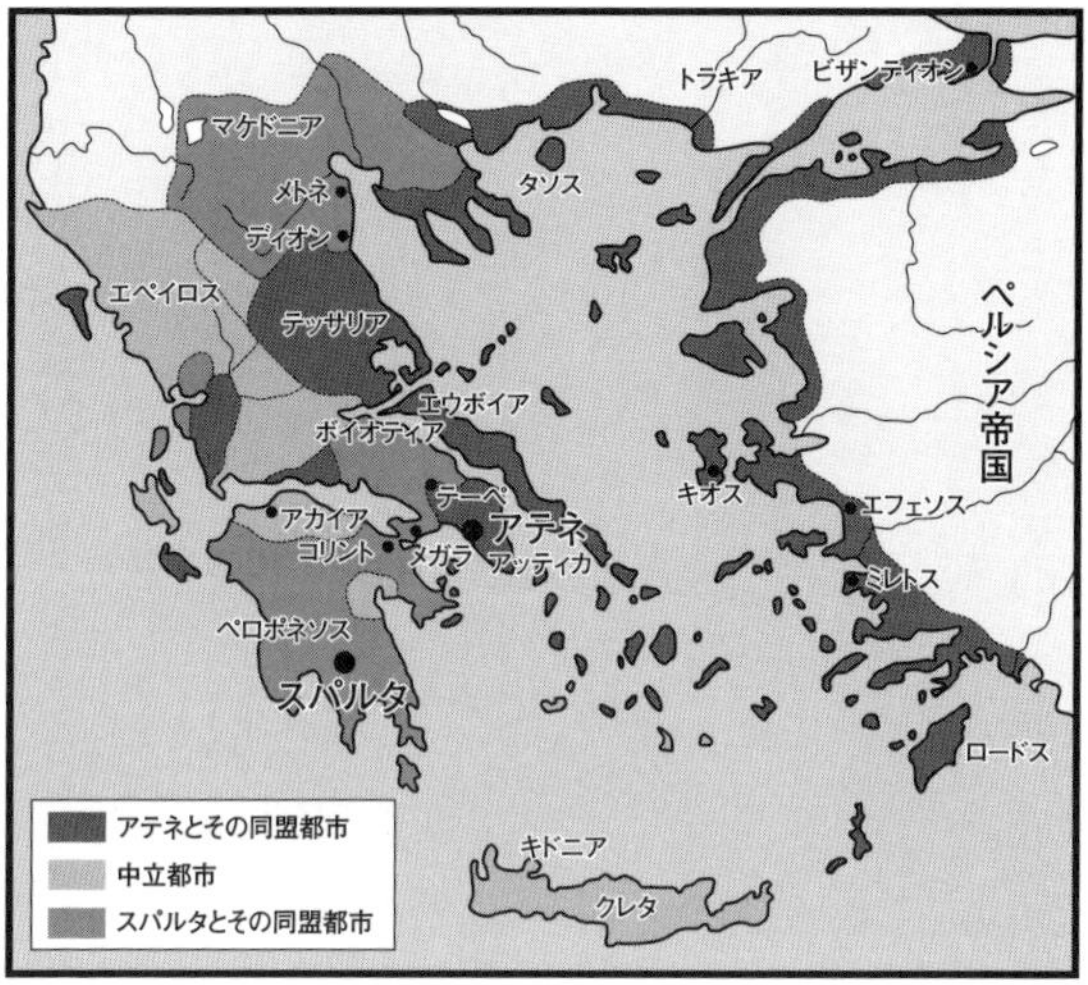

だが、アテナイの影響力が強くなるにつれて、デロス同盟と、アテナイのライバルであるスパルタを中心としたペロポネソス同盟との緊張が次第に高まり、ついには、デロス同盟とペロポネソス同盟の間で、ペロポネソス戦争（前４３１〜前４０４年）が起こる。

最初の10年は、デロス同盟とペロポネソス同盟の間で一進一退が続き、前４２２年には休戦条約が結ばれた。だが、アテナイによるシチリア遠征の失敗を機に、ペルシアの支援を受けたペロポネソス同盟軍が、デロス同盟に所属する都市をアテナイから離反させることに成功する。孤立したアテナイは、前４０４年に降伏し、ペロポネソス戦争は終結した。

ペロポネソス戦争に敗れた直後のアテナイでは、スパルタの影響のもと、寡頭制の「三十人政権」が成立する。

民主政がペロポネソス戦争の敗因と考えた貴族階層は、初めこれに期待したが、三十人政権は貴族階層から富を没収し、反対勢力を粛清するなど恐怖政治を行った。

翌年の前403年、三十人政権と民主政勢力との間で内戦が起こり、和解を経て、アテナイは民主政に戻った。プラトンが生まれる4年前に始まったペロポネソス戦争から続いていたアテナイの政治的混乱は、ここで一区切りとなる。当時、プラトンは24歳だった。

以上、17世紀のイングランドと、前5世紀の古代ギリシアの状況について、簡単に確認した。ここから見えてくるのは、ホッブズもプラトンも、ともに政治体制の急激な転換を経験したということである。

彼らはともに、伝統的な善悪の共通了解が崩れ、もはや効力をもちえない時代を生きたという点で、深く共通している。宗教の権威に頼っても、あるいは、「古きよき」伝統を持ち出してきても、戦争という事実には無力である。そのことを確信したプラトンとホッブズは、それぞれの「現代」において、伝統的な世界観に代わる善の根拠を導くべく、洞察を行ったのだ。

善悪の共通了解を根本から作りなおす

社会が大きく変わりつつある不安定な状況においては、しばしば、過去の「古きよき」伝統へと立ち戻るべきだ、という主張がなされる。

混迷した状況だからこそ、受け継がれてきた伝統を大事にしなければならない……。人間の理性には限界がある。いまこそ歴史の重みを尊重すべきである……。

こういったたぐいの主張は、善悪の共通了解の揺らぎが感じられた瞬間から、雨後の筍のごとく、無数にわいて出てくるものである。

もっとも、そうした反動には、それ相応の理由がある。過去には可能性も不可能性もない。だから、可能性を導くための原理が存在しなければ、不安を打ち消すために、過去の伝統を持ち出し、それにすがりたくなるのは、ごく自然なことである。

一方、プラトンやホッブズは、不安の引力に負けず、理性と言論による共通了解の創出と刷新にこそ可能性があるという確信に基づいて、善悪の共通了解を作りなおす営みを始めた。

常識の崩壊を正面から受け入れ、一切を私たち自身の理性によってあらためて検討し、原理を示すこと。その目的意識のもと、ホッブズは、理性を可能性の原理とし、プラトンは、ディアレクティケーを基本の方法として提示したのである。

本質は、単なる抽象的なものではないし、共通了解は、誰もが当たり前に知っている意味を単に再確認する作業でもない。なぜなら本質は、善悪の根拠はどこにあるか、誰もが共有しうる正義の基準は存在しうるのか、といった場面でこそ重要な問題となるからだ。

善悪の共通了解が崩れ、それまで通用してきた常識が効力を失うことに、信念対立と、その原理的な帰結である戦争が生じる本質的な条件が存在する。哲学は、本質に関する「正解」が揺らぎ、失われた地点から、そのつど始めなおされてきたのだ。

本質を一義的に言い当てたり、定義したりすることは原理的に不可能である。そのことを正面から受け入れたうえで、信念対立を乗り越え、善悪の共通了解を根本から作りなおすための方法を導くこと。プラトン以来、哲学は、そのことを一つの根本的な課題として定め、取り組んできたのである。

魂の配慮――内面の吟味

中世におけるキリスト教内部の対立をもとにして、近代哲学では、誰もが受け入れられる善の本質を明らかにすることが中心的な課題となった。

だが、善の本質は、近代哲学において急に問われるようになったわけではない。それは、プラトンの時代から論じられてきたテーマである。いかに善悪の共通了解を打ち立てることができるか。プラトン以来、哲学は、この問いを中心として展開してきたと言っても過言ではない。

以下では、プラトンが善について、どのような考察を行ったのかという点について確認することにしたい。

プラトンは、イデアのなかでも、善のイデアこそよく知る必要があると主張する。なぜなら、プラトンによれば、善のイデアが、他のすべてのイデアを支えるイデアであるからだ。

この点について、プラトンは『ポリテイア』で次のように述べている。

げんに君は、〈善〉の実相（イデア）こそは学ぶべき最大のものであるということは、何度も聞いているはずだからね――この〈善〉の実相がつけ加わってはじめて、正しい事柄もその他の事柄も、有用・有益なものとなるのだ、と。

プラトンは、いかなるイデアも、善のイデアを分けもっていると考える。これは言いかえると、どのような本質も、何が「よい」かに応じて定まり、規定されるという考えである。善のイデアなしには、正しさや美しさを十分に知ることはできない。善のイデアは、理性によって取り出された「知」を支える第一の根拠である。そうプラトンは論じているのだ。

ところで、なぜ私たちは、善についての吟味された知識を必要とするのか。

それは、プラトンによれば、善のイデアについての吟味された知を得ることによってこそ、私たちは自分自身の生き方を、本当に「よい」ものへと向けかえることができるからである。

これをプラトンは、**魂の配慮**というキーワードで呼ぶ。

魂と言われると、人魂や霊魂、あるいは幽霊のようなものを想像するかもしれないが、ここでは自分の意志や意欲、欲望や関心といった、私たちの内面のことを考えるとよい。すなわち、魂の配慮とは、自分自身の内面のあり方をあらためて検討し、それをより「よい」ものへと磨くことをいう。

プラトンの初期の代表作に、『ソクラテスの弁明』がある。これはソクラテスが前399年、アテナイの法廷に訴えられ、裁判に掛けられたときのソクラテスの弁論をもとに著されたものである。

作中、ソクラテスが次のように論じる箇所がある。

――たとえ法廷から釈放されたとしても、私は神に従い、次のように人びとに説き回るだろう。

君たちはアテナイという偉大なポリスの市民でありながら、どれだけ多くの金銭を自分のものにできるか、どれだけ自分の評判、地位を高められるかということばかり気に掛けている。

だが、私たちが第一に行うべきは、魂ができるだけすぐれたものになるように配慮することだ。身体や金銭は、その結果として善いものとなる。逆はない。いくら金銭を積んでも、魂が優れたものになるわけではないのだ、と——。

このソクラテスの主張が、プラトンに大きな影響を与えたことは否定できない。イデア説を生み出した動機の一つは、この弁明におけるソクラテスの洞察のうちにあると言っても、過言ではない。

魂を配慮するために、善のイデアを知る

イデア説はあくまで、一つの作業仮説である。プラトンが、それがどこまで現実的な妥当性をもつと考えていたかについては、ほとんど知ることができない。

だが、ここで重要なのは、善の本質を見て取ることがどのような意味をもつか、また善の本質と魂の配慮がどのように関係しているか、ということである。

私たちは普段の生活で、つい、自分にとっての善のイメージが、本当の善に通じているはずだと考えていないだろうか。よい学校に行き、よい仕事をし、よい家庭をもち、よい親として振る舞うこと……。これが人の道に適《かな》った本当のよき生き方である、と。あるいは、そこまで極端でなくとも、私たちは普段から、自分にとっての善のイメージは、誰にとっても受け入れられるはずのものである、と考えてしまっていないだろうか。そして、そのイメージと両立しない別のイメージに対して、つい不快感を覚えたり、批判的な態度を取ってしまったりしていないだろうか。

プラトンが言わんとしているのは、そうした善のイメージは、差し当たっては個人的な思い込みを超えず、それゆえ独善を超えないということである。

独善の第一の問題は、それが別の独善と対立することにある。宗教の教義のうちから、別の宗教との対立を解決するための原理を取り出せないように、独善のうちから、別の独善との対立を調停するための条件を見て取ることはできない。

善の本質を洞察するには、独善同士の対立を乗り越えるための方法によることが、決定的な意味をもつ。そして、プラトンはこの点に関して、ディアレクティケー、すなわち対話を基本の方法に据えるのだ。

プラトンによれば、善の本質をつかむには、自分の内面を見つめ、記憶のうちから共通項をなす意味を見て取る必要がある。そのうえで、それを概念の形へと仕上げて、ディアレクティケーの営みに置き入れ、ともに検討していくことが求められる。善そのものを、一人で、直接につかむことは不可能である。そうプラトンは考えるのだ。

徹底した想起と対話を通じて、ぼんやりとした思い込みをくぐり抜け、善についての納得を得る。対話のうちで、自分の関心や欲望を根本的に見つめなおし、自分自身をよりよく知る。プラトンは言う。「公私いずれにおいても思慮ある行ないをしようとする者は、この〈善〉の実相をこそ見なければならぬ」、と。プラトンにとって、善のイデアを知ることの意味は、まさにこの点にある。

このプラトンのモチーフは、プラトンの時代を超えて、近代哲学にまで届く射程を備えている。プラトン以降、多くの哲学者が、善の本質に関する洞察を行ってきたが、肯定あるいは否定するにせよ、プラトンの洞察は大きな意味を果たしている。この点からすれば、近代哲学の創始者であるデカルトは、プラトンのモチーフを受け継ぎ、それを哲学のうちに再生させた第一人者だと言えよう。

デカルトの著作『精神指導の法則』には、次のようにある。

ほとんど誰も、良識（bona mens）すなわちかの普遍的智慧について考えないということは、実に驚くべきことと私には思われる。というのは、智慧以外のすべてのものは、それ自身によってよりもむしろこの智慧に寄与するところあるがゆえに、尊ぶべきものなのだからである。

ここでデカルトのいう「良識」を、プラトンにおける善のイデアと読み替えることは難しくない。デカルトは、いかなる学問的な知識も、それが普遍的な知恵、人間的な知恵を深めるかどうかによって価値をもつと考えるのだ。

では、人間的な知恵とは何か。デカルトにとってそれは、私たち自身の生をよりよく導くための知恵をいう。

理性の自然的光明を増すことをのみ心掛くべきである。しかもこれは、学院のあれやこれやの難問を解くためでなく、生活の一々の状況において悟性が意志に何を選ぶべきかを示すようにするためなのである。

デカルトにとっての課題は、哲学を、開かれた知の体系として立てなおし、それによって私たち自身の生をよく導くことを可能にすることにあった。理性による知の吟味と、魂の配慮という考えは、デカルトに始まる近代哲学を支える動機として、深く受け継がれたのだ。

共通了解メソッド

以上を踏まえて、ここで善に関する共通了解の営みの基本的な進め方を示しておこう。

①特定の善のイメージを絶対視したり、善の「正解」を前提したりしないこと
②様々な善のイメージを思い出し、それらに備わる共通の特徴を概念にすること
③概念を、共通了解の営みに置き入れること
④概念をともに検討し、共通点を取り出すこと

共通了解の営みを通じて、それまでの自分の価値観を確かめなおす。もしそのとき、自分の価値観が他者のそれと衝突することが明らかになれば、私たちはそれを編み変えるよう試みたり、努力したりすることができる。その意味で、共通了解の営みは、ただ単に他者のことを理解するだけでなく、「私」自身をよりよく知ることを可能にするものでもある。「正解」を前提とせず、了解をともに作り出していこうとする態度が身についてくると、少しずつそのことが納得できるはずだ。

美のイデア――恋愛における「あこがれ」

プラトンのイデア説において、善のイデアと並んで重要視されるのが、美のイデアである。美のイデアは、主に『饗宴』と『パイドロス』における恋愛論のうちで論じられている。

哲学では、恋愛の本質に関する洞察はほとんど存在しない。主なものとしては、プラトンを除くと、ヘーゲルにわずかに現れるほかには、ニーチェやバタイユといった、比較的現代の哲学者に見られる。だが、そこでは恋愛の意味や価値についての原理的な洞察が展開されているわけではない。極論をすれば、恋愛の意味に関する哲学的な洞察は、プラトンに始まりプラトンに終わっていると言ってもよいほどである。

実際、プラトンの恋愛論は、現代の私たちから見ても、かなり優れたものである。時代や文化の違いにもかかわらず、納得できる箇所が少なくない。プラトン以降、恋愛の本質に関する原理的な洞察がほとんど現れていない理由の一つはここにある。それだけプラトンの洞察は、恋愛の本質論として優れた水準にあるのだ。

とはいえ、プラトンの洞察を絶対視したり、そのまま受け入れたりすることは避けなければならない。プラトンの洞察は、あくまでも、私たち自身の共通了解を導くための一つの参考資料と見なすべきものである。そうした適切な距離感を保つことは、プラトンに限らず、哲学の学説を確認する際にはつねに重要となる。

恋愛の「狂気」

『饗宴』における登場人物は、ソクラテスのほか、熱心なソクラテスの崇拝者であるアポロドロス、古典ギリシア最大の喜劇作家アリストパネス、悲劇作家アガトン、政治家アルキビアデスなどである。

ここでは、グラウコンという人物が、アポロドロスに、アガトンの家で行われた恋に関する対話を聞かせてくれるよう頼み、それに応えてアポロドロスが語り始める、というようにしてストーリーが展開される。

この作品におけるプラトンの中心の洞察は、**恋愛とは善きものが永遠に自分のものであることを求める欲望だ**というものである。

その意味は、こうである。

私たち自身の経験に照らしても分かるように、恋愛の欲望は、富や財を求める欲望とは異なった、独自のものである。

富や財への欲望は、いわば現世的なものへの欲望である。一方、恋愛の欲望は、日常の価値世界の向こう側に、この世ならぬものを希《こねが》うものとして立ち現れてくる。恋愛の欲望は、モノや金銭への欲望や、生理的な欲求を超えた、特別な欲望である。それは、いまある世界の「向こう側」を予感させ、この世ならぬ美そのものを描き出す。

プラトンは『パイドロス』で、恋愛のうちで現れてくる、美そのものへの欲望について次のように論じている。

この話全体が言おうとする結論はこうだ。――この狂気こそは、すべての神がかりの状態のなかで、みずから狂う者にとっても、この狂気にともにあずかる者にとっても、もっとも善きものであり、またもっとも善きものから由来するものである、そして、美しき人たちを恋い慕う者がこの狂気にあずかるとき、その人は「恋する人」（エラステース）と呼ばれるのだ、と。

ここでプラトンは、恋愛とは、よきものへの「狂気」であると論じている。狂気といっても、頭が狂っているというわけではない。プラトンの意は、恋愛は日常の価値基準では測ることのできない感情であり、日常の世界の向こう側への「あこがれ」である、という点にある。

ある欲望が、簡単に叶《かな》うものであったり、それを確実に叶えるための方法が保証されているならば、その欲望は「あこがれ」の形を取ることはない。可能性の存在が微かにしか信じられないからこそ、欲望は「向こう側」への憧憬として現れ、恋するひとは狂気へと陥るのだ。

狂気にさいなまれて、夜は眠ることができず、昼は昼で、一ところにじっとしていることができず、ただせつない憧れにかられて、美しさをもっているその人を見ることができると思うほうへ、走って行く。で、ついにその姿を目にとらえ、愛の情念に身をうるおすや、魂は、それまですっかりふさがっていた部分を解きひらき、生気をとりもどして刺戟と苦悶から救われ、他方さらに、このくらべるものとてもない甘い快楽を、その瞬間に味わうのである。

プラトンによれば、恋愛は、それを通じて私たちが美を深く知ることを可能にする根本の条件である。これは言いかえると、恋愛をしたときに初めて美が何であるかが分かるということだ。

「狂気」の挫折と、「地上」の恋愛

激しい恋愛というと、私たちは、一方が他方を圧倒するケースを想像するかもしれない。性的欲望を徹底的に否定し、精神的な愛を絶対視する恋愛の形、もしくは、性的欲望が理性を圧倒する恋愛の形。

プラトンは、どちらか一方に恋愛の真実があるとは考えない。その代わりに、両方が激しくせめぎ合うときに、恋愛の狂気は至高のものへと高まると考えるのだ。

『パイドロス』に、次のような物語がある。


——私たちの魂は、三つの部分からなっている。そのうちの二つは馬の形をしており、一つは馬車を操る馭者《ぎょしゃ》の形をしている。

魂の二頭の馬のうち、一頭は、節度と親しみをもち、言葉で命じるだけで馭者に従う良馬である。だが、もう一頭の方は、放縦と高慢の徒であり容易に馭者に従わない悪馬である。

魂が美しいひとを見て、恋愛の欲望がわき起こるのを感じるとき、思慮ある良馬の方はそのひとへと飛びかかっていかないように自制する。

だが、放縦な悪馬の方は、愛欲の話を愛人にもちかけるよう、馭者と良馬に強要する。

魂が美しいひとに一層近づいていくと、美のイデアを見て、馭者は畏敬に打たれる。

そこで馭者は引き下がるが、悪馬は良馬と馭者に対し罵詈雑言を投げかけ、愛欲にまかせて美しいひとへと向かおうとする。

だが、馭者は悪馬を力任せに押さえつけ、悪馬は馭者の思慮に従うようになる。こうして恋する魂は、美しいひとを見るとき、慎みと畏れに満たされることになる――。

この物語において描かれているのは、恋愛におけるロマンティシズムとエロティシズムの葛藤である。この葛藤は、プラトンの物語においては、魂における理性がエロティシズムを説得することで調停される。そして魂は、理性に支えられた恋愛を生きることになる。プラトンが説くのは、そのような過程によってのみ、私たちは恋愛の感情を生き延びさせることができる、ということである。

私たちは、必ずしも恋愛のエロティシズムが理性に従うわけではないことを知っている。激しい恋愛は、しばしば私たちを盲目にする。恋愛の狂気は、日常的な価値観に反する行為でさえも、私たちに行わせてしまう。それはときに、人間社会の第一のルール、すなわち殺人の禁止を踏み越えさせるまでに高まる可能性をもっている。それゆえ常識は、狂気におぼれることの危うさを説き、恋愛の欲望が道を踏み外さないよう、つねにそれを相対化するように働く。

プラトンは『パイドロス』の冒頭で、そうした常識を代表する説を置いている。それは次のようなものだ。

恋愛は幸福を約束するように思えるが、それは見かけ上にすぎない。恋愛の狂気は、自由を奪い、自分自身と、自分に関わる事柄を配慮するための能力を失わせてしまう。恋愛は、最終的に私たちの身を滅ぼすものである。それゆえ、自分を恋していない者にこそ身を任せるべきである、と。

現実には、そうした激しい恋愛は、ごく稀《まれ》にしか成就する可能性をもたない。どのような恋愛も、いつかはその狂気を失い、現実の生活のうちで「世間的」なものに落ち込んでゆく。恋愛における美への「あこがれ」は、現実の生活感情によって相対化されてしまう。だが、ここで重要なのは、地上に着陸した恋愛を、天上の視点から虚偽のものとして否定し去るのは、恋愛の現実性に反することであるということだ。

「絶対の愛」という観念の挫折の必然性を受け入れること（それは諦めではない）は、恋愛の現実を持続させるための一つの条件である。それによって、いずれ訪れるロマン的憧憬の崩壊をくぐり抜け、永遠への夢想を、現実の論理と共存できるものへと編み変えることができるのである。

恋愛、これからの哲学的課題

恋愛の意味は、哲学のなかでも、洞察を深めていくことが難しいテーマの一つである。だが、議論の進め方は、他のテーマと変わらない。どこかに正解が隠されているという考えをストップして、信念対立を防止する。そして、これまでの「私」の経験を思い出し、経験を結ぶ意味の核心を概念として表現することを通じて、了解をともに深めていく。これが基本の方法だ。

哲学的に言えば、恋愛の本質直観を行うには、美の本質直観が前提として必要となる。私たちは美しいものに恋をする。醜いものに恋はしない。美が恋愛の感情の一条件をなしていることは、誰でも受け入れられるはずである。

先ほど述べたように、恋愛の意味についての原理的な洞察は、プラトンを除くと、哲学のうちにはほとんど存在していない。その理由の一つは、美の本質についての洞察がほとんど深められていないことにある。

美についての哲学は、プラトンが大きな一歩をなした後、中世のキリスト教哲学では、進展を見せなかった。禁欲を説く価値体系が共同体において支配的なとき、美について自由に論じることはできない。美の本質は、近代においてようやく正面から論じることが可能となったテーマである。

一見、美や恋愛は、道徳あるいは社会的正義といったハードな問題と比べると、恵まれた状況における、ソフトな問題にすぎないと思えるかもしれない。

だが、それは臆断である。

中世から近代に移行して、キリスト教の伝統的な世界観がもはや効力をもたなくなったとき、近代哲学において、主観と客観の一致の可能性をめぐる認識問題が哲学における第一の問題として提起されたように、今後の哲学において、恋愛の意味が重要な問題となることは十分考えられる。

恋愛の意味は、現段階では、先進国における人びとにとっての問題を超えない。だが今後、地球全体で民主的な社会が成立し、自由の感度がより一層高まってくると、それまで宗教や共同体の伝統が抑圧していたロマン的な欲望が次第に表現されるようになり、恋愛の意味が、切実な問題として現れてくるだろう。

近代が少しずつ形を取り始めてから現代に至るまで、3世紀以上の年月が掛かっていることを考えれば、そうした状況に到達するのは、遠い未来のことかもしれない。だが、恋愛の意味が私たちにとって重要な問題となる限り、それに取り組むことには確かな意義がある。

――なぜ、永遠に続くと思えた恋愛も、次第に冷めてしまうのか。
――なぜ、自分がどれだけ愛しても、相手がそれに応えてくれるとは限らないのか。
――自分は、誰からも真に愛されることがないのではないだろうか。

恋愛の「表面」に関する分析は、こうした問題について何ら答えることができない。ここで必要なのは、私たち自身の記憶をたどりなおし、そこから核心となる意味を取り出して、それを共通了解の営みのうちで、ともに検討することである。それが、恋愛の意味についての了解、そして納得を導くための可能性の原理にほかならない。

[第二章]

道徳と良心

自由と善をつなぐもの

この章を読むことで
身につく哲学的思考

> 善の本質がわかる
> 自由の意味がわかる
> 善悪と言葉の関係がわかる

登場する主な哲学者

イマヌエル・カント

1724 〜1804年

プロイセン王国のケーニヒスベルク（現・ロシア連邦カリーニングラード）に生まれる。同地の大学にて神学、哲学などを学ぶ。卒業後は家庭教師を経て、ケーニヒスベルク大学私講師となり、1776年に正教授に就任。ドイツ観念論の祖とされ、西洋哲学全体に影響を与えた。主著に『純粋理性批判』、『実践理性批判』、『判断力批判』など。

フリードリヒ・ニーチェ

1844 〜1900年

ザクセンの牧師の子として生まれる。ボン、ライプツィヒ大学にて哲学、文献学を学び、25歳でスイスのバーゼル大学教授に就任。ワーグナーの音楽、ショーペンハウアーの哲学から影響を受ける。極度の近眼、持病の偏頭痛などが重なり、大学を辞職し、以後著述に専念。実存哲学の先駆者として評価。主著に『悲劇の誕生』、『ツァラトゥストラはかく語りき』、『道徳の系譜』、『権力への意志』など。

G・W・F・ヘーゲル

1770〜1831年

南ドイツのシュトゥットガルトに生まれる。テュービンゲン大学神学部にて、ヘルダーリンやシェリングらとともに神学、哲学を学ぶ。イエナ大学私講師などを経て、1816年にハイデルベルク大学正教授、晩年はベルリン大学の総長に就任。ドイツ観念論の大成者であり、近代ドイツ最大の哲学者。主著に『精神現象学』、『論理学』、『哲学体系』（エンチクロペディー）など。

プラトン以来、哲学における第一の課題は、本質、すなわち、事柄の核心をなす意味を明らかにすることに置かれてきた。

だが、歴史の進み行きが私たちに教えているように、本質を直接につかもうとする試みは、本質をめぐる信念対立に行き着かざるをえないことが次第に明らかになってきた。中世ヨーロッパでは、ローマ・カトリック陣営とプロテスタント陣営の間で、数世紀にわたる激しい宗教戦争が続いたが、その起点には、善悪という本質をめぐる信念対立が存在していたのである。

この点にいち早く着目し、根本的な考察を展開した哲学者が、ホッブズである。

ホッブズは主著の『リヴァイアサン』で、次のように考える。戦争が生じる条件は、私たち人間のうちにある。であれば、戦争を止めるための条件も、私たちのうちから取り出すことができるのではないだろうか、と。

こうしてホッブズは、理性と言葉が、その原理になるという考えを置く。

確かに戦争は、条件が満たされたときには、起こらざるをえない。だが人間は、それを終わらせるために、理性の示唆によって合意を導き、ルールと権力を定めることができるはずである。そうホッブズは考えるのだ。

戦争は人間的なものである。同時に、平和も人間的なものである。平和の根拠を、私たちの世界の外側に求めることはできない。それは最終的に、善悪の信念対立に行き着くのみである。善悪の信念対立が生まれる条件も、それを解決するための鍵も、私たち人間のうちにある——。この洞察が、近代哲学の始発点として働いた。

根本問題。いかに自由と善を両立できるか

ここで、そもそもなぜ、善悪の信念対立が、ヨーロッパ大陸全体で繰り広げられる宗教戦争の発端をなすほどの重要な意味をもったのか、という点について確認しておきたい。

共同体の第一のルールは、殺人の禁止である。いかなる共同体も、この根本的な原則のうえに成り立っている。共同体が安定して存続できるかどうかは、共同体内のメンバーに対する暴力をいかに抑制できるかにかかっている。

近代以前では、主に宗教が、共同体における暴力抑制の原理として働いてきた。「汝殺すなかれ」は、キリスト教だけでなく、仏教やイスラームなど世界宗教一般に共通する基本の戒律である。

だが、自由の自覚が進むにつれ、宗教の権威は相対化されていく。それは端的に言って、自由の自覚は、力の自覚をともなって進展するからである。

自由の自覚が深まるなかで、既成の共同体の倫理は解体されざるをえない。そのときなお残るのは、強者の論理である。

力の自覚は、殺人の禁止を支えていた宗教的権威さえも相対化し、ついには、一切のルールに絶対的な根拠が存在しないことに気づかせる。その結果、それまで共同体の伝統的な倫理によって抑えられていた強者の論理が、抑止力を失い解放される。

それまで信じられてきた「教え」は、決して変わらないものでも、あるいは変えられないものでもないことがつかまれる。自由の自覚が、失われ始めていた善悪の共通了解をますます相対化し、解体していく。〈ポスト宗教戦争〉時代の近代哲学者が直面していたのは、まさにこうした時代の状況である。

こうした状況のもと導かれた中心の問題は、**いかに自由と善を両立させることができるか**というものである。

宗教に代わる、倫理の普遍的な根拠を作り出すこと。暴力を抑制しつつ、自由と善を両立させるための原理を明らかにすること。近代哲学者は、これらの課題に取り組むことを通じて、善悪の共通了解を作りなおし、誰もが自由に生きられる可能性の原理を導こうと試みた。

その際、彼らは、文化や宗教の「教え」に頼ることなく、私たち自身のうちから、その条件を見て取るべく、考察を進めた。これは、近代哲学をそれ以前の哲学から区別する本質的な特徴である。

——自由は力である。その力は、単にそれまでの価値観を相対化するだけでなく、何が善であるかを構想し、それを現実のものにする力としても活用することができるはずである——。こうした自覚のもと、共同体の伝統や「教え」によらず、誰にとっても受け入れられる善のあり方を構想することが、近代哲学における第一の重要な課題となったのだ。

近代以降の善のありか――道徳と良心

哲学の歴史上、この課題に取り組んだ重要人物として、カント、ヘーゲル、ニーチェの3人を挙げることができる。

彼らは、近代以降の善の問題を根本から考える際には、決して無視できない業績を残した。その業績は、自由と善を両立させる条件として、**道徳**と**良心**の2つの原理を置いたことにある。道徳と良心は、近代以降の善のあり方を考えるための、重要なキーワードである。

普段私たちは、道徳と良心を、ほとんど同じような意味で使っている。だが哲学では、道徳と良心は次のように区別される。

●**道徳**：善をこの世界の外側に求め、それを目指す態度

●**良心**：善の絶対的な根拠はただ「私」自身のうちにしか存在しないことを知りつつ、それを目がける態度

近代以前において、善は、宗教、文化や習俗の「掟」によって定められていた。何をなすべきか、どのように生きるべきか。この問いに対する答えは、それらの掟によって、あらかじめ定められていた。そこでは、掟に反した選択をなすことは、共同体の倫理に逆らうことにほかならなかった。

だが、自由の自覚が進展した近代においては、そうした掟は効力を失う。そのため、近代哲学では、自由の意識と両立する善悪の共通了解の原理を導くことが重要な課題となったのだ。

道徳という言葉には、「ひとに優しくすべし」「世のためひとのため」という堅苦しい響きを感じるかもしれない。また、良心という言葉からは、「お前には良心がないのか」と言われるように、厳しく問いただすようなニュアンスを受け取るかもしれない。

だが、ここで重要なのは、道徳と良心はともに、善を目指す自発性をその核としているということだ。近代哲学がその2つに着目した理由は、この点にある。すなわち、カント、ヘーゲル、ニーチェは、それぞれの仕方で、道徳あるいは良心を、自由と善を結ぶ条件として定め、その本質について洞察を行ったのだ。

それでは、以下、3人の議論についてそれぞれ確認していくことにしよう。

カント——道徳の哲学

自由と善の関係に着目した哲学者として、第一に、**カント**を挙げることができる。カントは、デカルトやホッブズ、ヘーゲルと並ぶ、近代哲学の代表人物の一人である。

前章まで確認してきたように、プラトン以来、哲学の営みにおける中心の課題は、善や美といった価値、本質を洞察することに置かれてきた。

この課題に取り組むに当たって、第一に解かなければならない問題は、いかに本質をめぐる信念対立を調停することができるか、というものである。なぜなら、本質を直接言い当てようとする試みは、突き詰めると、必ず独断的な主張に行き着き、本質をめぐる信念対立をもたらすことになるからだ。

信念対立を解決し、本質の共通了解を展開するためには、認識問題を解くための原理を導く必要がある。

ここであらためて確認しておくと、認識問題とは、主観と客観は一致しうるか、また、その一致を証明するための証拠はあるかというものである。この問題が解けなければ、本質についての普遍的な共通了解を導くことは、原理的に不可能である。

中世のキリスト教哲学は、そのための原理をもたなかった。近代哲学者は、そのことを受け止め、善悪や美醜の意味や、価値についての洞察を行うために、まずは、私たちの認識がどのような構造をもち、それがいかなる過程で成立しているかを明らかにしなければならないと考えたのである。

この点から言うと、カントは近代哲学者のなかで、初めてこの問題に本格的に取り組んだ人物である。

哲学の中心テーマは、伝統的に、真・善・美の3つに置かれてきた。このテーマに対して初めて包括的に取り組んだのはプラトンであるが、カントは、プラトンに次いで、この3つのテーマに正面から取り組み、原理的な洞察を示した哲学者である。

カントには3つの主著がある。『純粋理性批判』、『実践理性批判』、『判断力批判』だ。最初の『純粋理性批判』では真（＝認識）の問題を扱い、『実践理性批判』では善、『判断力批判』では美について論じている。それぞれの題名に共通する「批判」から、あわせて三批判書とも呼ばれる。

なお、ここでいう批判は、非難のようなネガティブな意味ではなく、徹底的に確かめなおし、限界を見極めるという意味だ。理性の輪郭を見極め、誰でも共有できる構造を取り出し、概念の形で示すこと。それがカントが三批判書で試みたことである。

もちろん、これらの著作を通じて、カントが意味と価値に関する問題を解き切ったかというと、そのようなことはない。

一方で、カントには優れた洞察があり、いまでもなお確かにと思えるところも少なくない。だが他方では、さらに突き詰めて考えられるところがあることも確かである。そして、まさにヘーゲルとニーチェは、カントの洞察をあらためて吟味しなおし、原理をさらに展開しようと試みたのだ。

この点からすれば、近代以降における善悪の問題を考えるにあたって、カントの議論は、一つの重要な起点をなしているのだ。

認識論から善悪の問題へ

なぜカントの議論にそうした重要性があるのか。

その理由の一つは、カントが初めて本格的に、認識論の観点から善の本質を見て取るべく洞察を展開したことにある。

カントは、自由と善の関係について、主に第二の主著である『実践理性批判』のうちで議論を行っている。だが、その議論は、『実践理性批判』に先立つ第一の主著『純粋理性批判』で示された認識論に基づいてなされている。

『純粋理性批判』の序文には、次のようにある。


この批判は、形而上学一般の可能もしくは不可能の決定、この学の源泉、範囲および限界の規定ということにもなるが、しかしこれらのことはいずれも原理に基づいてなされるのである。

それまでの哲学には、意味と価値について論じるための土台が欠けていた。その土台は、私たちの認識能力のもつ本質的な構造を明らかにすることで手に入れられる。意味と価値を探究する学は、その土台に基づいて、初めて展開しうる――。そうカントは考えるのだ。

カントのうちには、普遍的な認識の条件を明らかにしなければ、本質をめぐる対立は解決できず、本質についての洞察を深めることはできないという直観があった。そこでカントは、私たちの認識の仕組みを明らかにするべく、『純粋理性批判』でその課題に取り組むのである。

カントの認識論――共通の認識能力を備える

カントの認識論は、先験的（＝超越論的）観念論とも呼ばれる。難しく聞こえるかもしれないが、全体の構想はそこまで複雑ではない。

カントの認識論の基本の枠組みは、私たち人間には、年齢や性別、信仰や文化などの違いにかかわらず、共通の認識能力が備わっており、その能力によって対象の認識を作り上げている、というものだ。

たとえて言えば、絵を描くように、私たちの認識能力が、世界を「像」として作り上げていると考えるといい。万人に共通する認識能力が、共通の世界像を作り出す。認識能力が共通なので、描かれる世界像もまた共通のものである。これがカントの認識論の基本的な構造だ。

では、カントは私たちの認識能力を、どのようなものとして示しているだろうか。カントによれば、私たちには主に、次の3つの認識能力が備わっている。

●**感性**：データ収集能力
●**悟性**《ごせい》：データ統合能力
●**理性**：「全体」を推論する能力

感性は、対象から触発され、感覚のデータを得る能力である。感性を通じて得られたデータは、差し当たってはバラバラな印象でしかなく、意味をなしていない。そうしたバラバラな感覚データをまとめあげる能力が、ここでいう悟性である。悟性は感性から感覚データを受け取り、それを一つの意味として把握する能力とされる。

これは、イメージとして言えば、パラパラマンガとして考えれば分かりやすいかもしれない。それぞれのコマは、それ自体では意味をなさず、一連のコマをめくるときに、初めて意味をなす。ここでは、感性に与えられるデータは、それぞれのコマであり、悟性はそのデータを、意味をなすストーリーとして把握する能力だ、と考えるとよい。

一方、理性は、感性から与えられるデータによらず、原理から推論を行い「全体」をつかもうとする能力のことをいう。世界の全体、最高の善、絶対の理想……。そういった、ある完全なものを構想する推論の能力が、ここでいう理性である。

認識能力の共通性と、共通の認識

以上の認識論をもとに導かれる一つの重要な結論に、**私たちは誰も、世界そのものが何であるかを知ることはできない**ということがある。

カントは、私たちは共通の認識能力によって、世界についての「像」を作り出すと考える。そして、その像がどのように作り出されるかは、私たち人間に共通の認識能力によって規定されていると論じる。

これは言いかえると、その世界像が世界それ自体と一致しているかどうかは、誰にも確かめられないということである。

なぜか。カントによれば、その認識能力は、私たちに生まれつき備わっており、誰もそれを取り除くことはできないからだ。

だが、カントはここで、世界についてのそれぞれの見方しか存在しないと論じるのではない。反対に、私たちの認識能力のあり方を見て取れば、世界そのものは知りえなくとも、共通の認識が成立する可能性と条件を明らかにすることができると考えるのだ。

認識能力の共通性が、共通の認識を可能にする。それゆえ重要なのは、私たちの認識能力がどのような枠組みをもっているかを見て取ることである……。これがカントの認識論の基本的な方向性である。

私たちの意識の外側にある対象に直接目を向けるのではなく、意識そのものを考察の対象とし、そこから認識の成立条件を見て取る。このカントのアプローチは、それ以後の認識論の方向性を定める決定的な役割を果たした。

理性の力

ところで、カントはなぜ、私たちの認識能力をそのように区別したのだろうか。その理由の一つは次の点にある。それは、私たちの認識対象は、具体的な事物だけでなく、理念や理想といった、想像や構想によって得られるものも含むからである。

事実の認識と理念の認識は、異なる本質と条件をもっている。事実についての認識は、経験的なデータに基づいて行われる。だが、理念の認識は、どれだけ多くのデータによっても導くことはできない。なぜなら理念は、私たちの理性によって構想されるものだからだ。

事実はどこまでも事実であり、理念とは本質的に区別される。これは「かくある」から「かくあるべし」を導くことはできない、と表現することもできる。この点をもとにカントは次のように言う。

道徳に関しては、経験は（残念ながら！）仮象を産む母であり、私がなすべきところのものに関する法則を、なされるところのものに求めようとし、或は後者によって前者に制限を加えようとすることは、まことに以てのほかの沙汰である。

何が善であるか、何をなすべきかについて、実際にそうであるところのものから規定するのは、まったく愚かなことである。そうカントは論じている。

この主張のもつ意味は、近代哲学の基本の動機を踏まえると、はっきりと見て取ることができる。

近代哲学の第一の課題は、善悪の共通了解を立てなおし、誰もが自由に「よく」生きられる条件を導くことにあった。現状ではそうした条件が満たされていないことは、近代哲学者にとって、まったく自明だった。カントは、そうした状況を解決するための方法を導くべく、認識論の観点から取り組んだのである。


確かにカントの認識論は、デカルトなど、カントに先立つ哲学者のそれと比べると、相当に複雑だ。ここでは全体の構造を素描するだけにとどめたが、カントは、感性、悟性、理性について、きわめて細かく論じているだけでなく、それぞれの能力をつなぐサブ機能についても述べている。そのため、カントの認識論は、全体の構成がつかみにくいものとなっている。

だが、カントが言わんとしていることは、非常にクリアである。それは要するに、次のことである。

私たち人間は、単に事実を認識するだけでなく、現実の向こう側に理念を思い描く理性の力も備えている。文化や信仰、年齢や性別の違いにかかわらず、誰でも理性を用いて、ある完全な状態を構想することができるのだ、と。

近代以前、世界の理想状態は、宗教や文化の物語で示されていた。その物語を受け取り、それに従うことが、望ましい生き方だった。こちらから世界のあるべき形を示すことができるとは考えられなかったし、そうしようと試みること自体、避けられるべきタブーであった。

これに対して、カントは、何が善であるか、何が理想的であるかは、私たちの理性で決めることができる、理性にはそうした可能性があるのだ、と考える。

自分以外の誰かに指図されず、自分の理性で善を定めることが、理性の本質的な力である。理性こそは、文化や宗教の違いを受け入れ、誰もが共有できる、善の普遍的な原理となりうる。この洞察を置いたのは、哲学の歴史上、カントが初めてだ。

カントの道徳論——法則としての道徳

以上の認識論をもとに、カントは、第二の主著『実践理性批判』において、自由と善をつなぐものとして、道徳をキーワードに置き、それについて論じている。

初めに、カントの道徳論の全体像を示しておくと、次のようになる。

●私たち人間には、傾向性（欲求）がある
●傾向性に打ち克《か》ち、善を目指すための自由が存在しなければならない
●道徳は、理性が自由に、私たち自身に与える法則である
●善の規準は、ただ道徳法則だけである

カントは、私たちの意識に着目し、そこから善の根拠を取り出そうと試みる。そして、善は人間の理性によって規定されるものであり、その善を目指す可能性もまた、私たち人間のうちに備わっているはずである、と考えるのだ。

カントは『純粋理性批判』で、私たちは理性の力によって善を構想することができると論じていた。これを踏まえて、『実践理性批判』では、その善を目指して行為することに自由の価値がある、と主張する。

私たち人間は、自分の力で善を把握して、それへと自由に向かうことができるはずである……。この直観が、カントの道徳論の根幹をなしている。

格律と定言命法——欲求にあらがい、善へと向かう

私たちは普段、善や道徳といったものが、欲求に反するものであると考えてしまいがちだ。私欲を節制し、清貧な暮らしに満足すべし……。道徳という言葉には、そうした響きがひそんでいる。

だが反対に、カントは道徳論を行うにあたって、私たち人間の欲求の存在を肯定することから始める。

カントは、欲求を**傾向性**という用語で呼ぶ。何かへとつい引き寄せられたり、引きずられたりすること。このつい、が、傾向性の意味である。

カントは、傾向性の存在を事実として受け入れたうえで、なお道徳はいかなる条件で

可能となるかと問う。そして、**格律**と**定言命法**《ていげんめいほう》の2つのキーワードを示す。カントによれば、道徳は、この2つの関係において成立の可能性をもつ。

格律とは、「私」の行為のルールのことである。

私はこれこれをなそうと思う、私はこうしたいと思う……。こうした欲求により支えられている行為の規則を、カントは、格律という概念で呼ぶ。

カントによれば、格律は、「自愛の原理」に基づくものであるため、当の本人にしか通用しない。ここで自愛の原理とは、自己の幸福を求める行為の動機のことをいう。すなわち、カントは、格律に基づく行為はいずれも、最終的には自己の幸福に対する配慮、幸福への傾向性に基づいていると考えるのだ。

そのうえで、カントは次のように論じる。

格律に従った行為は、行為する当人にとってしか「よい」ものではない。なぜなら、格律に従った行為は、自愛の原理に基づいており、自愛の原理によって求められる幸福の形は、ひとによりけりであるからだ、と。

では、誰もが「よい」ものとして受け入れられる行為の原則は存在しないのだろうか。

カントは、道徳法則がそれであると考える。

カントは道徳法則を、自愛の原理を取り除き、具体的な実質に規定されない純粋な形式として示す。ここで実質とは、幸福をもたらす理由としての「素材」のことをいう。素材を削《そ》ぎ落としていくと、最後には、純粋な形式のみが残る。カントは、具体的な中身をもたない純粋な法則であれば、誰もが「よい」ものとして受け入れられるはずだと考え、それを道徳法則として定めるのだ。

では、道徳法則の形式は、どのようなものでなければならないだろうか。カントはそれを、**定言命法**という概念で呼ぶ。

定言命法と聞いても、ほとんど意味が分からないかもしれない。だが、これもポイントはシンプルだ。

「定言」とは「断言的に」という意味であり、「命法」とは「命令」という意味である。つまり定言命法とは、「条件によらず、とにかく○○せよ」という、状況に関係なく端的に課せられる、純粋な命令のことをいう。

カントによれば、道徳法則は定言命法の形で、次のように与えられる。

君の意志の格律が、いつでも同時に普遍的立法の原理として妥当するように行為せよ。

──自分の行為のルールが、誰にとっても当てはまるルールとなるような仕方で行為すること。そのとき、その行為は、誰にとっても受け入れられる「よい」ものだと言えるだろう──。

カントは、こうした形の道徳法則のみが、道徳法則の名にふさわしいと考える。自分のルールが、万人にとってのルールに合致するよう行為するよう、つねに心がけること。カントによれば、これが道徳の本質的な意味である。

自己自身のルールを吟味すべし

カントは、私たち人間は、理性によって道徳法則を定め、それを目がけて自由に行為することができるはずだと考える。文化や習俗の教えによらず、理性によって、何をなすべきかを把握し、それを目がけて行為する自由が存在するのでなければならない、と論じるのだ。

ただし、カントは素朴に、私たちは欲求から自由に、理性的に行為することができると主張するわけではない。

カントの議論の大前提は、格律が私たちの行為を事実として規定しているという点にある。それを踏まえてカントの意を汲《く》めば、次のように言うことができる。

――確かに私たちは人間である以上、傾向性から逃れ出ることはできない。感性、悟性、理性の3つの認識能力があらかじめ備わっているように、幸福を求める自愛の原理を無きものとして否定することはできないし、意味がない。

なぜなら、ここで大事なのは、道徳法則が実際に成就されるかどうかではなく、自分の行為が道徳法則に即しているか、誰もが「よい」と認められるものとなっているかという観点から、たえず自分自身の行為を吟味することにあるからである――。

定言命法は、あくまでも命令である。これは言いかえると、道徳法則の実現は約束されていない、ということである。

だがカントにとって、そのことは致命的な問題ではない。なぜならここでは、道徳法則が実現するかどうか、道徳法則を欲するかどうかではなく、道徳法則に即して行為しているかどうかという観点から、自分自身を吟味する心構えが重視されるからである。

自分自身の行為のルールが、他のひとにとっても納得できるものとなっているか、吟味検討を怠らないこと。そして、そこにズレが認められる場合には、そのルールを編みなおすように心がけること。欲求にあらがい、みずから理想を打ち立て、それを目がけて行為すること。カントはここに自由の意義があり、自由と両立する善の条件がある、と考えるのだ。

カントに対する2つの批判——ヘーゲルとニーチェ

カントは善の根拠を、習俗や宗教の「教え」から理性に置きなおし、自由と善が両立しうる普遍的な条件を明らかにしようと試みた。それらの「教え」によって善悪の共通了解を立てなおそうとする試みが、もはや可能性をもたないことを示した点で、カントの道徳論は決定的な進展をなしたと言っていい。

とはいえ、カントの洞察が、善悪の原理に関する「正解」を示しているわけではない。哲学は、本質の共通了解を進展させることを目的とする営みである。先立つ学説からポイントを受け取り、それを徹底的に検討して、より優れた原理を示す。その過程が、哲学の歴史をつむぎ出してきた。

この点では、カントも例外ではない。カントの洞察は、近代哲学のうちで一つの決定的な転換点をなしたが、根本的な再検討の対象でもあった。そして、18世紀から19世紀にかけて、**ヘーゲル**と**ニーチェ**の2人が、カントの主張を根本から検討し、善悪の原理を編みなおす考え方を示すに至ったのだ。

ヘーゲルとニーチェは、ともにドイツの哲学者である。彼らの生きた時代は異なるため、交流は存在していないが、2人はともにカントの道徳論を検討し、善悪の原理に関する洞察を、より一層推し進めた。

ヘーゲルとニーチェに共通するキーワードは、**良心**である。彼らはともに、良心が、道徳の理念が目標としていた自由と善の両立を、現実世界のうちで可能にする原理になると考えたのである。

道徳と良心は、日常的には同じ意味で用いられることも多いが、そこには次のような本質的な違いがある。すなわち、道徳は、善のありかをこの現実の「向こう側」に求める態度であり、良心は、現実を引き受け、現実のうちで善を作り出そうとする態度である。

たとえて言えば、道徳は、「青年」の理想であり、良心は「大人」の理想である。青年は理想をロマンとして描き、そのロマンに適わない現実を批判する。一方、大人は、絶対の理想が存在しないことを知りつつもなお腐らずに、他者と共有できる理想を導き、それによって現実を着実に変えていこうとする。青年は、この世界の外側に理想を求め、大人は、この世界の内側から理想を作り出そうとする。青年の理想は「私」のうちに閉じられているが、大人の理想は、他者へと開かれている。

道徳と良心の違いは、そのように表現することができる。

道徳の独善性

ヘーゲルとニーチェは、それぞれ異なる側面から道徳に対する批判を行っている。詳しくは以下に論じるとして、ここでは簡潔にキーワードを置いておこう。それは、**道徳の独善性**である。

道徳は確かに、私たち自身の理性によって善の理想を打ち立てる態度であるという点において、自由の意識の進展によるものである。自由の自覚によって、理性の力に宗教の「掟」の力を乗り越える可能性があることもまたつかまれるのだ。

だが、道徳の意識が求める理想は、差し当たっては「私」個人のものにすぎない。それはまだ自分以外の他者によっては試されておらず、独りよがりのものにすぎない。

ここには、様々な善の理想の間で、真の理想をめぐる信念対立が起こる可能性がある。中世では宗教で起きていた信念対立が、近代では理想の間で起こるようになるのだ。

善悪の信念対立は、私たち人間社会にとって、最も根本にある対立である。

それは、数学や論理学の問題のように、単に原理を用いれば解決に至るわけではない。なぜなら、そこでは善悪に関する複数の解釈が並び立つとともに、それぞれの解釈は、それぞれの動機によって支えられているからだ。

ここに、善悪の信念対立を解決することの困難の一つがある。

序章で確認したように、信念対立を解決するための原理そのものは、現象学によって示された現象学的還元と本質直観のうちにある。だが、その原理を使えば、信念対立をすぐさま解決できるわけではない。なぜなら、原理の妥当性と、原理に対する納得は、それぞれ別の水準にあるからだ。

では、どうすればよいか。

善悪の判断を支える「私」自身の動機を捉えなおし、それぞれの納得を交わしあう。こうしたプロセスのうちで、動機の衝突を調停し、じっくりと動機の共通了解を作り出していくことでしか、善悪の信念対立を解決することはできない。

善悪の信念対立を一挙に解決する魔法の言葉は、どこにも存在しない。

それを騙《かた》る言葉は、甘い嘘だ。

ここで、問題を要約しておこう。

宗教戦争を経て、近代哲学は、善悪の信念対立をいかに解決することができるかという問題に取り組んだ。

この点に関して、カントは、私たち人間の理性にはある完全な状態を推論する能力があると論じ、善悪は私たちの理性によって知ることができる、という考えを示した。これは善悪の根拠を、私たち人間の理性のうちに求めるものであり、哲学的には大きな進展だった。

だが、その進展は新たな問題を導き入れた。それは、理想同士の信念対立をいかに解決することができるか、というものである。これはカント以降の哲学において、一つの中心的な問題となる。

以下、時代が前後するが、ヘーゲルの議論を確認する前に、まずはニーチェについて見ておくことにしよう。

ニーチェ――価値の哲学

ニーチェの哲学で第一に特徴的なのは、その文体だ。著書の多くが短い箴言《しんげん》（アフォリズム）を書き連ねていくスタイルで著されており、哲学ではほとんど例を見ない。だが、ニーチェの文体は、あくまでも「飾り」を超えない。大事なのは、ニーチェが示した思考の原理をつかむことだ。

何がニーチェにとっての問題だったのか。どのような原理によってその問題を解こうとしたのか。そして、そのことが私たちにとっていかなる意味をもつのか。ニーチェの哲学の意味をつかむには、そうした観点から、ニーチェの議論を、私たち自身で検討していく必要がある。

哲学の歴史上、ニーチェは、近代と現代の哲学をつなぐ位置にある。それまでの哲学で示された考え方を徹底的に考えなおし、意味と価値の原理に関する洞察を展開した。その点を踏まえて、ここでニーチェの哲学を**価値の哲学**と呼んでおこう。

カントの哲学を踏まえずに、近代以降の善悪の原理を考えることはできない。それと同様に、ニーチェが取り組んだ問題、そして、その問題に対してニーチェが置いた原理をつかまずに、これからの善悪の原理を構想することはできない。ニーチェの洞察は、これからの社会、そして生の可能性を考えるにあたって、決定的に重要な意味をもつのだ。

自由とニヒリズム——価値の無根拠化

デカルトとホッブズの時代に始まった近代が、数世紀を経て次第に成熟してくる。その過程は、自由という理想、自由な生への欲求を原動力として進展してきた。

かくして近代社会が、構想の段階を抜け出て、次第に現実のものになってくる。ここで重要なのは、その過程のうちで、宗教や文化が説いてきた既存の価値が、私たちの実感において相対化されてくる、ということである。

ヨーロッパでは、デカルト以来、学問が宗教的な世界観を意識的に取り除き、誰でも理性的に考える限り受け入れられる知、普遍的な洞察を深めていく営みとして展開してきた。

その過程のうちで、哲学だけでなく、物理学や生物学などの自然科学もまた、大きな進展を見せる。理性によって適切に推論し、その推論を実験と観察によって検証していけば、最終的には世界の全体を捉えることができるはずだという確信が、その進展を牽引してきた。

この過程を全体として支えているのが、自由の自覚である。

学問の進展は、思想の自由が保障されている場合にのみ起こりうる。そして、まさにその自由が、伝統的な価値観を打ち崩していく。学問の進展と、伝統的な価値観の相対化は、自由の自覚の展開という点において、コインの表裏をなしているのだ。

理性は、宗教的な「教え」、文化的な「掟」に対し、疑問を投げかけ、それを相対化していく。思考のうちで相対化されていた伝統的な善悪の価値観、正義や倫理の根拠が、もはや素直に信じられなくなる。それは、自由の意識が、力の自覚をともなうからだ。

力の自覚は、一切の価値観を疑いにかけ、これを相対化する。自由を原理とする近代社会が展開するなかで、伝統的な価値観は衰退せざるをえない。いったん自覚された自由を押しとどめることは不可能だ。

自由の自覚が進み、既存の価値観から根拠が失われる。疑いえない価値の根拠が存在するはずだという確信が失われる。こうした状況を、哲学では**ニヒリズム**と呼ぶ。ニーチェが生きた時代は、ニヒリズムがヨーロッパを覆いつつあった時代である。そして、まさにニーチェの哲学は、ニヒリズムをいかに克服することができるかという課題に取り組んだのである。

ニーチェの主著の一つ『権力への意志』の冒頭に、次のような文章がある。

　私の物語るのは、次の二世紀の歴史である。私は、来たるべきものを、もはや別様には来たりえないものを、すなわちニヒリズムの到来を書きしるす。

哲学には、単に悲観的なイメージを振りまくだけの未来予測が少なからず存在する（監視社会、格差社会、等々）。この観点からすれば、ニヒリズムの到来も、そうした不安をあおる予測を超えないと思えるかもしれない。だが、ニーチェは決して、イメージを振りまき、私たちを不安に陥れようとしたのではない。

ニーチェには、自由の展開がもたらす結果について、深い洞察があった。自由の自覚が進むことで伝統的な価値観から根拠が失われるのは必然的である。これからの価値の問題を解くためには、そのことを受け入れることから始めなければならない。そのようにニーチェは考え、洞察を行ったのだ。

では、ニヒリズムを克服するために、ニーチェはいかに哲学を展開したのだろうか。

それは、ニヒリズムの徹底である。

ニヒリズムを徹底するとはどういうことか。価値観に絶対的な根拠が存在しないという現実を受け止めたうえで、善悪や美醜の価値がどのように生まれているのか、その条件と過程を洞察することである。

ニヒリズムを徹底し、いったんすべてをチャラにしたうえで、あらためて価値の生成をする条件を根本から確かめなおす。ただそれのみが、ニヒリズムを克服し、善悪や美醜の価値を立てなおす唯一の道である、とニーチェは考えたのだ。

ニーチェは、いまでこそ哲学の代表的な人物として扱われているが、実は、生前はほとんど評価されていなかった。著作はほとんど一般に知られず、身近な知人に頒布《はんぷ》されただけのものもあった。

とはいえ、有名になったからといって、ニーチェの洞察が、必ずしも正当に評価されているとは限らない。いまなおニーチェの思想は、常識を疑い、相対化することに向けられていたと見なされることは少なくない。だがそれは、ニーチェにとっての問題意識を見落とした評価である。

ニーチェが生きたのは、ニヒリズムの時代である。常識は、徹底的な疑いに耐えるほどの強度をもたない。それはもはや過去のことである——。ニーチェはそのことを、時代のうちで初めて洞察し、そこから問題を取り出したのである。

ニーチェの認識論——「力」に相関した価値解釈

デカルト以来の近代哲学が第一に取り組んだ問題は、認識問題である。

ここで再度確認しておくと、認識問題とは、主観と客観は一致しうるか、また、その一致を証明するものはあるか、というものである。

私に見えている世界は、本当に世界そのものか。もしそうであるとして、その証拠は存在するのか。これが認識問題の中身である。

認識問題は、近代哲学における第一の問題である。認識問題の解決なくして、信念対立は解決できず、それゆえ本質の共通了解は導くことができない。この洞察は、近代哲学が明らかにした、哲学の基本原則である。

ニーチェは近代哲学の後に現れた哲学者だが、ニーチェにおいても、認識の条件に関する洞察は重要な意味をもっている。

ニーチェの認識論は、ニーチェの哲学の根幹をなしている。ニーチェの哲学の意味をつかみたければ、認識論から確認するのが王道だ。

以上を踏まえて、ニーチェの認識論の中身を見ていくことにしたい。

認識は、欲求や関心に応じた解釈である

まず、近代哲学における認識論の基本的な構えを、あらためて確認しておきたい。

近代哲学の認識論は、主観と客観があらかじめ存在しており、それらの間に何らかの関係が存在しているはずだ、という前提に立つ。そのうえで、いかにして主観は客観を認識しているのか、と問いを立てる。認識問題は、この主観と客観の関係をもとにして成立するものである。


ニーチェは、この構図を根本から検討する。

そもそも認識は、主観が客観に対面するというように成立しているのか。主観と客観が、それぞれ独立して存在しているとする考えは正当だろうか。ニーチェはこれらの問いに取り組み、主観と客観の関係に代えて次のような原理を置いた。それは、**力**である。

力といっても、重力や圧力という物理的な意味ではなく、魅力や能力という「人間的

な」意味のそれである。これは生きんとする力、あるいは生命力と見ることができるし、さらに分かりやすく言いかえれば、欲求や関心に当たる。

ニーチェは、私たちの認識は、**力が生み出す解釈**であると考える。それ自体で客観的な認識は存在しない。どのような認識も、力をもとに生み出される解釈であり、現象である。そうニーチェは論じるのだ。

世界を解釈するもの、それは私たちの欲求である、私たちの衝動とこのものの賛否である。

これを表すニーチェの概念が、**遠近法主義**である。遠近法は主に絵画で用いられる概念で、対象をある観点から描く技法のことをいう。

世界の描き方、切り取られ方は、観点の置き方に応じて変わるものであり、正しく写し取られるべき世界が、あらかじめどこかに存在しているのではない。暗闇で明かりを灯《とも》すように、力がいわば光源となり、意味と価値の秩序を遠近法的に描き出す。そうニーチェは考えるのだ。

しばしば勘違いされるが、ニーチェはただ単に「真理は存在しない」とか「善悪は存在しない」と論じたのではない。また、一切はそれぞれの解釈にすぎないと考えたのでもない。

ニーチェの説は、いかなる認識も本質的に力に応じた解釈にほかならない、というものである。そのうえで、ニーチェは真そのものや、善そのものを作り出す動機、いわば心の力を探求の対象としたのだ。

解釈の「光源」を探求する

どうして「真なりと思い込むこと」が発生したのかを説明すべし！「真」の背後にはいかなる感覚がひそんでいるのか？

主観は果たして客観と一致しうるか。この問題を解くことが、善悪の共通了解を立てなおすための条件になるという確信のもと、近代哲学者たちは探求を行ってきた。だが、ニーチェに言わせれば、その問いは不十分である。なぜなら、主観も客観も、力を光源とする解釈の結果であるからだ。

主観と客観との間には一種の十全な関係が生ずるとか、客観とは内からみれば主観であるにちがいない何ものかであるとかということは、思うに、かつてはもてはやされた時代もあったが、一つのお人好しの捏造《ねつぞう》である。


主観は客観に一致しうるか。

ニーチェは、これは悪問だと考える。

では、どのような問いを置くのがよいのか。それはこうである。

どのような動機が、主観や客観という解釈をもたらしているのか。また、いかなる力が、一致という意味における真理の観念を生み出しているのか。そして、なぜ一致ということが問題になるのか。

こうして、認識問題は、私たちの内面における動機の探求へと、その重心を移行する。世界そのものに目を向ける代わりに、私たちの内面を掘り下げて、そこから認識が生まれてくる条件を見て取る。このアプローチは、哲学の歴史において、決定的な進展だった。

自由の自覚は、それまでの価値観から根拠を失わせる。近代の進展は、ニヒリズムを生み出す。ニーチェはそのことの意味を深く洞察した。そして、ニヒリズムを否定あるいは無視するのではなく、それを徹底する道へと進んだ。

すなわち、一切の価値はただ私たちの力を光源として立ち現れるものであるという前提に立ち、どのような欲求や関心が、それらの価値を生み出しているのか、と問いを置き進めたのである。

ルサンチマン——道徳や真理を生み出す動機

では、ニーチェは、ここでどのように考えるのだろうか。いかなる欲求が、真や善の観念を切り出す光源として働いていると論じるのだろうか。

ニーチェはそれを、**ルサンチマン**という概念で呼ぶ。

ルサンチマンとは、「うらみ」や「ねたみ」、あるいは「そねみ」のことだ。自分より優れた人間に対する面白くなさであり、そう感じてしまう心のくせを指していると考えればよい。

ニーチェによれば、道徳や真理は、ルサンチマンを光源として生み出される解釈である。それら清く美しく見えるものは、実は、現実に対する面白くなさ、ねたみ、憎しみをもとに生み出されている、と論じるのだ。

道徳の背後に人間の醜さが隠れているという言い方や、道徳の偽善性を指摘することは、そう珍しいものではない。

ニーチェの洞察の特筆すべき箇所は、むしろ次の点にある。ニーチェは、道徳の歴史を掘り起こし、道徳が「よい」ものとしての意味をもつようになった過程を明らかにしたうえで、道徳に代わる善のあり方、自由と両立する善のあり方を構想しようと試みた。このアプローチは、ニーチェ以前の哲学には見られなかったものである。

ニーチェは次のように論じている。すなわち、現実には現実の論理があり、空想で現実を変えることはできない。空想は無力感の現れであり、それを克服できない限り、現実を本当の意味で作り出していくことはできない、と。

あるべき世界はあり、現実的に現存しているという信仰は、あるべき世界を創造しようとの意欲をもたない非生産的な者どもの信仰である。

総体的洞察。すなわち、「別の世界」をつくりあげたのは、生の疲労の本能であって、生の本能ではない。

一見、空想や夢想は、現実に向き合う積極的な態度の現れだと思えるかもしれない。真の世界、あるべき世界の理想があってこそ、どのように現実の世界に働きかけるべきかも分かるのではないか、と。

確かにそうした側面もある。だが、それとともに、私たちはときに、そうした理想のほうから現実を否定したり、理想によって「この世界は間違っている」と独断したりすることがないだろうか。また、その際、どこか自分の人生に不満があったり、いわゆる「いい生活」に対する、うらやましさや、やっかみがあったりしないだろうか。

もっと直接的に言ってみよう。

清く貧しい生活のうちに理想を見いだすことの裏側には、本当は自分こそが富者や権力者になるべきはずだという「ねたみ」、すなわちルサンチマンが潜んでいないだろうか。

『道徳の系譜』で、ニーチェは次のように述べている。

道徳における奴隷一揆は、ルサンチマン（怨恨 Ressentiment）そのものが創造的となり、価値を生みだすようになったときにはじめて起こる。すなわちこれは、真の反応つまり行為による反応が拒まれているために、もっぱら想像上の復讐によってだけその埋め合わせをつけるような者どものルサンチマンである。

現実に向き合う代わりに、現実を否定し、空想のなかで善悪の価値を逆転する。そして、清く貧しい生活こそが「理想的」だと見なして、自分自身をなぐさめる。現実を認めたくないので、理想のほうから現実を否定する……。そのような仕方で、理想を利用することがないだろうか。自分に都合のいいように、つい、ねじまげた理想を置いていないだろうか。

この問いについては、それこそどこかに「正解」が用意されているわけではない。私たち自身が、自分の普段のあり方を振り返って、思い当たる節があるか、納得があるかどうか、ただそれだけだ。

その点から考えると、ニーチェの洞察は、「なるほど確かに」と思えるものになっていないだろうか。

言葉による自己了解

ルサンチマンは、いわば体質のようなものだ。頭ではルサンチマンはよくないものだと理解していても、私たちは状況に応じて、つい、ルサンチマンを抱いてしまう。

だが、ルサンチマンという言葉の意味をつかめば、それを手がかりに自分自身を省みることができるようになる。そして、もしルサンチマンが、ねじまがった理想を生み出していることに気づけば、ルサンチマンが生む「つい」に対して態度を取ることができる。もしルサンチマンという概念を知らなければ、自分のもつルサンチマンに気づくことさえできないだろう。

実のところ、このことはルサンチマンだけでなく、私たちの感受性一般について当てはまる。すなわち、自分の感受性を言葉によって表現することで、自然に生きられてきた自分の価値観を意識のうちに浮かび上がらせ、それを検討し、それに対してあらためて態度を取ることができるようになるのだ。

それは、私たちは言葉の秩序によって、価値の秩序を作り上げているからだ。

言葉は単に、情報を伝達するための媒体ではない。自分はどういう存在であり、何を善とし、何を美とするかについての納得を導くための条件でもある。

私たちは言葉の営みのうちで、他者を了解し、自分自身を了解している。言葉の営みが、それらの了解可能性を支える条件である。そして、了解のあり方を編み変える可能性の原理もまた、言葉の営みのうちにあるのだ。

先ほど確認したように、カントは次のような道徳法則を置いていた。――「私」が自分自身に課すルールが、誰にとっても受け入れられるものであるように行為すべし。

ニーチェの道徳批判は、要するに、ここには優れた人間を平凡なものへと引きずり下ろそうとするルサンチマンが働いている、というものだ。

この批判は確かに鋭い。実際、道徳的な理想を振りかざしたくなるとき、そこには、世間一般に対する不満や面白くなさの感覚が少なからず潜んでいるだろう。

だが、言葉による自己了解という観点からは、カントの洞察にも納得できるところがある。

自分がどのようなルールによって生きているのかを知らずして、そのルールを向けかえることはできない。自分の価値観を編みかえたければ、まずはそれを言葉によって把握しなおす必要がある……。カントとニーチェの議論は、ともに、そのことを私たちに示しているのだ。

自由な良心——約束する力

私たちは、善悪の規準を、言葉によって編みかえる可能性をもつ。カントの道徳論はそのことを私たちに示している。

ニーチェは、さらに洞察を推し進めて次のように考える。すなわち、**善悪の規準を立てるのは、ただ私たちの言葉のみである**、と。

善悪そのものは存在せず、善悪の規準がどこかにあらかじめ用意されているわけではない。これは、ニーチェの認識論が示す基本の原理である。

だが、これは決して「何でもあり」を意味しない。

ニーチェが論じるのは、自分自身で善悪のルールを立て、それに従うときにのみ、善と自由を両立させることができるというものだ。他の誰からも命令されず、また、文化の掟や習慣によらず、ただ自分の意志で、自由にルールを定める能力。この力を、ニーチェは良心と呼ぶ。

責任という格外の特権についての誇らかな自覚、この稀有な自由の意識、自己と命運とを支配するこの権力の意識は、彼の心の至深の奥底まで降り沈んでしまって、本能とまで、支配的な本能とまでなっているのだ。——もし彼にしてこれを、この支配的な本能を、一つの言葉で名づける必要に迫られるとすれば、これを彼は何と呼ぶであろうか？　疑いの余地もなく、この主権者的な人間はこれを自己の良心と呼ぶ……

では、良心の意味はどこにあるのか。良心の核心をなすものは、一体何だろうか。ニーチェによれば、それは**約束**をなすという点にある。約束をなし、それを自分の意志できちんと果たせるかどうか。ここに善悪の規準があると考えるのだ。

約束に善悪の規準を置くことは、一見、当たり前に見えるだろう。約束を守ることはよいことであり、破ることは悪いことである。これは誰でも知っている常識であって、あえて言うまでもないと思えるかもしれない。

だが、ここで問われているのは、私たちはどのような理由で約束を守るのか、ということである。

約束を破って自分が不利益を被るのが明らかなら、誰も約束を破ろうとはしないだろう。それは当たり前だ。

だが、もし約束を破っても、それによって不利益を被らないようにできるなら、それでもなお、約束を守れるだろうか。嘘をついてもばれないことが明らかなら、約束を破ってもよいと思うのではないだろうか。電話一本で仕事が簡単にズル休みできるなら、そうしようとするのではないだろうか。

ここで問われているのは、そういうことである。

そうした誘惑に打ち克ち、自分自身で立てたルールに従って、約束を守る力。これが、ニーチェのいう良心の核心である。

良心のもとで、自由と善は両立しうる

ニーチェは良心において、初めて本当の意味で、自由と善を両立させることができると考える。その理由は次の通りだ。

道徳の段階では、善悪の絶対的な規準を目がけて進むことに、自由の意味があると考えられる。だが、ここでは善悪の絶対的な「正解」が前提されており、その「正解」のほうから、何が善悪であるかについての判断がなされている。

一方、良心は、ニヒリズムをくぐりぬけて、自力で打ち立てられた善悪のルールである。それは、絶対的な善悪の規準がもはや存在しないこと、また、自由の自覚がその規準を相対化してしまったことを知っている。私たちをつねに監視する絶対的な神のような存在は、もはや存在しない。ルールを破っても、それが発覚しなければ、誰にも咎《とが》められることはない……。良心にとって、そのことはまったく明らかである。

良心は、善悪の「正解」はどこにも準備されていないこと、善の根拠は、絶対的には私たちの内面にしか存在しないことを知っている。それを踏まえたうえでなお、良心は、自由に、自分の確信によって約束を果たす。

善悪の根拠が、最終的には「私」のうちにしか存在しないことを引き受ける責任と力の自覚。誰にも命令されず、自分でなすべきことを定め、それを行おうとする意志。ニーチェは、この良心の「強さ」のうちに、自由と両立する善の可能性を見て取るのだ。

良心の言葉と共通了解

ここで、約束というキーワードについて、別の角度から考えてみたい。

約束は、自分自身だけでなすことはできない。自分で何をすべきかを決めることを、自分に対する約束と見なすこともできるが、普通、約束は、家族や友達、仕事の同僚など、自分以外の他者となすものをいう。

ここから見えてくるのは、善悪の根拠は、ただ私たちの関係性のうちにしか存在しないということである。

私たちは、善の本質は何かと問いを立てるとき、つい、あたかもこの現実を離れたところに、善そのものが存在しているかのように考えてしまいがちだ。

だが、哲学的に言えば、この現実の外側、人間関係の世界を離れた「別の世界」のうちに善悪の根拠があると考える限り、誰もが納得できるような仕方で決着を付けることはできない。そこでは最終的に、独善同士の対立が生じ、それを乗り越えることはできないのだ。

では、信念対立を解決するにはどうすればよいか。その原理は、言葉の営みのうちで、「私」の良心を、他者に向けて開くことにある。

「私」の良心のあり方を言葉で表現し、それを相互に検討して確かめあう。絶対の「正解」が存在しないことを知りつつ、共有できる善の形を作り出すべく言葉を交わしていく。自由の自覚が徹底的に進展したところでは、その営みのうちにしか、善悪の共通了解を導くための可能性は存在しない。

この点に関しては、ニーチェと並んでカントの道徳論を批判したヘーゲルが優れた洞察を示している。

ヘーゲルの道徳批判は、ニーチェのそれとは異なる観点からではあるが、善についての絶対的な「正解」が存在しないことを踏まえたうえで、善をめぐる信念対立を調停する可能性の原理を論じている。

ニーチェと同じく、ヘーゲルが置くキーワードも、良心である。ニーチェの良心論は、ヘーゲルの良心論とあわせて検討するときに、その可能性を十二分に発揮するのだ。

ヘーゲル——自由の哲学

近代哲学にとって第一の問題は、自由と善をいかに両立させるかということに置かれた。その理由は、中世の宗教戦争を経て、自由の自覚が力の自覚をともなうことが明白につかまれたからである。

自由は、既存の価値観を相対化し、打ち崩す。それまで善の根拠をなしていた宗教の教え、文化の掟は、その過程のうちで力を失う。いったん自覚された自由の進展を抑制する方法は存在しない……。

カント、ヘーゲル、ニーチェの3人は、この事実を正面から受け入れ、自由と両立する善悪の原理を構想した哲学者として、哲学の歴史上、とても重要な人物だ。

いかに信念対立を調停し、共通了解を達成するか。すでに確認したように、この問題については、フッサールによる現象学が優れた方法を示している。

その中身を要約すると、次のようになる。

本質の共通了解を導くには、認識問題を解決しなければならない。そして、認識問題を解決するには、あえて世界についての「正解」は存在しないという立場に立ち、世界を「私」にとっての確信像として捉えなおす必要がある。そのうえで、確信像のもつ本質的な要素を、概念として表現する。その表現の営みを通じて、共通了解と自己了解を深めていく。

これが、フッサールの現象学が示している哲学の営みの形だ。

フッサールは、現象学的還元は根本的な態度変更である、と論じている。ここでいう態度変更は、その心理的な動機に着目すれば、カント的な「道徳」から「良心」への展開として解釈することができる。

確かに、フッサール自身は、道徳や良心といったキーワードによって論じているわけではない。だが、フッサールには、本質について唯一絶対の「正解」を求める限り、誰もが共有できるような知は導けないという確信があった。その確信のもと、フッサールは、哲学を、共通了解を導く営みとして立てなおすための原理を導いたのである。

フッサールとヘーゲルは、それぞれ違う仕方ではあるが、信念対立は共通了解の営みによってしか解決できないと考えた。以下では、その点について確認することも含めて、ヘーゲルの洞察の意味を確認することにしよう。

ヘーゲル哲学の評価軸

一般にヘーゲルは、デカルト、ホッブズから始まる近代哲学の完成者と言われる。ドイツの哲学では、カント以降、観念論という学派が主流になったが、ヘーゲルは同郷のフィヒテ、シェリングらとともに、18世紀のドイツ観念論を代表する哲学者だ。

ヘーゲルの哲学は、哲学の歴史全体から見ても、難しいことで知られている。ヘーゲルには数多くの著書と講義録があり、主張の全体像をつかむのは簡単ではない。

それでも、ヘーゲルの哲学に共通するキーワードを挙げるとすれば、それは**自由**である。

ヘーゲルの講義録の一つ『小論理学』には、次のようにある。

精神の国は自由の国である。人間の生活を統一するすべてのもの、価値あり意義あるすべてのものは、精神的なものであり、そしてこの精神の国はただ真理と法の意識を通じてのみ、理念の把握を通じてのみ存在するのである。

近代哲学における根本の問題は、自由と善をいかにして両立させることができるか、という点に置かれてきた。ヘーゲルが近代哲学の完成者と言われるのは、ヘーゲルがこの問題に正面から取り組み、それに答えるような原理を置いたからである。

確かに、認識論の観点から見れば、カントと比較すると、洞察が進んでいる点とそうでない点がある。

一方でヘーゲルは、私たちの認識は時間的なプロセスのうちで深まっていく、という考えを置いた。

この考えには、確かに納得できるところがある。

何かを認識する際、その対象を一瞬で知り尽くすことはできない。その対象の意味は、別の知識や経験に基づいて、より深く理解される。「本質を知り尽くす」というような表現がなされることがあるが、認識論の観点からすれば、対象についての知は、時間的な過程のうちで、より豊かになっていく確信像のことである。言い換えれば、ある対象の一切を「正しく」認識することは、原理的に不可能なのである。私たちの認識は時間的なプロセスのうちで深まっていくと論じたのは、哲学ではヘーゲルが初めてだ。

他方、ヘーゲルの学説は、根本的には、その妥当性が誰にも確かめられない仕方で示されている。それはヘーゲルが、世界の一切は「精神」をもとに展開されてくるという世界観のもとで議論を行っているからだ。そして、この「精神」は、神の存在と結びついている。ただし、ヘーゲルのいう神に、宗教的な意味はほとんど存在しない。それはむしろ、世界の一切を支えている絶対的な存在という意味である。

ヘーゲルの議論は、キリスト教の神から宗教性を「脱色」した神を中心に据えている。この点で、ヘーゲルの議論が示している世界観は、今日では妥当性をもつとは言いがたい。

だが、そのことでもって、ヘーゲルの洞察を時代遅れのものとして否定することはできない。

20世紀以前のヨーロッパにおいて、神の観念は、自由の自覚によって少しずつ相対化されつつあったものの、基本的には自明のものとして共有されていた。当時の水準からすれば、ヘーゲルの議論が特殊だったわけではない。むしろヘーゲルは、同時代の知識人のうちでは、きわめて進歩的だった。

哲学で神の観念が根本から解体されるには、ニーチェの登場まで待たなければならなかった。そして、そのニーチェでさえ、生前には正当に評価されていなかった。神の概念が認められるからといって、ヘーゲルの議論を時代遅れのものとして否定するのは、哲学的にアンフェアだ。

認識論の観点から見れば、ヘーゲルの哲学は、フッサールの現象学ほどの意義をもたない。だがヘーゲルには、認識論上の弱点をカバーする優れた洞察がある。そしてそれは、現代に生きる私たちにとっても意味あるものだ。だからこそヘーゲルは、今日でも、近代哲学の完成者として評価され、読み続けられているのだ。

ヘーゲルの歴史観――自由が現実化してゆく過程

ヘーゲルは、『法の哲学』の序文で、次のように述べている。

個人にかんしていえば、だれでももともとその時代の息子であるが、哲学もまた、その時代を思想のうちにとらえたものである。なんらかの哲学がその現在の世界を越え出るものだと思うのは、ある個人がその時代を跳び越し、ロドス島を跳び越えて外へ出るのだと妄想するのとまったく同様におろかである。

哲学の学説は、その時代の「精神」、分かりやすく言えば、時代性を反映している。ヘーゲルによれば、「精神」は、自由を求める動力源として働き、歴史をつむぎ出してきた。すなわち歴史とは、私たち人間が自由を求め、実現してきた営みの軌跡だというのである。

これは、ヘーゲルの一主張である以上に、歴史を全体として見渡せば、確かな説得力をもつ洞察だと言うことができる。

たとえば、政治学者のフランシス・フクヤマは、ヘーゲル哲学の観点から現代社会について論じた『歴史の終わり』にて、次のように述べている。

たんに過去の十五年間だけでなく歴史の全体像に目をやれば、リベラルな民主主義はまさに歴史のなかで特別な地位を占めつつあることがわかる。もちろん世界的に見ると民主主義は逆境の時期と順風の時期を繰り返してきたが、同時に、民主主義へ向かって延々と続いてきた明確な潮流もそこには存在しているのだ。

社会制度の意義を評価する際には、長期的な視点が重要となる。近視眼的な尺度に基づく批判は、それが制度を支える原理に向けられる場合、ほとんど妥当性をもたない。それよりも、哲学的には、その原理が誰もが受け入れられるものであるかという観点から検討を行い、それをより普遍的なものへと進展させることが重要となる。なぜなら、普遍的な原理によってこそ、この現実をより正当なものへと推し進めることができるからだ。

一気に現実を改革するような方法は、どこにも存在しない。現実には現実の論理があり、それを空想によって転覆することは不可能である。

ヘーゲルの主著の『精神現象学』では、次の主旨のことが述べられている。

——自由の意識が進展するなかで、一切の対象は有用性（それが何に役立つかという評価軸）の観点から、あらためて捉えなおされる。

有用性の観点は、「掟」によって支配されていた伝統的な共同体の役割関係を否定する。そこで働いているのは、諸個人の存在と、社会の普遍性は、本来一致しなければならないという意識である。

その意識のもと、万人にとっての自由を確保するために、国家の制度が求められる。だが、国家は伝統的な共同体とは異なる形で、新たな役割関係を生み出す。それは、「政府」と諸個人の関係である。

政府は本来、誰にとっても受け入れられる仕方で、万人の自由を確保するはずのものだった。その政府と、「私」自身の自由を求める個人が激しく対立し、政府は、反抗する個人を死に処す。自由を求める個人の反抗が罪であることを証明できないため、政府は、反抗の疑いがあるだけでそうするのだ。

このとき、政府もまた、それ自身の利害を求める一つの団体にすぎないことが明らかになる。

こうした状況を踏まえて、社会制度を直接に変革する代わりに、既存の制度を利用しつつ新たな社会秩序を作り出そうとする動きが現れてくる。

この動きを支えているのは、この現実の世界から離れたところに「本当の世界」を求める代わりに、世界の本質と「私」の内面の本質を重ねあわせて了解する態度である。ここでもって、自由の歴史は、現実世界で「本当のもの」を実現しようと試みることをいったん止めて、それをまず内面のうちで確かめようとする態度の段階へと入る。これを私は、「道徳」の段階と呼ぼうと思う——。

ある理想を思い描くこともまた、自由の意識が生まれることによって初めて可能となる。「掟」に束縛されない力の自覚が芽生えてこそ、私たちは自分自身で理想を打ち立て、それをもとに、現実に対して働きかけることができる。

その働きかけが情熱を原理とするとき、それは、社会を一挙に転換させようとする試み、すなわち革命として現れる（ヘーゲルがここで念頭に置いているのは、フランス革命のこと）。過熱した自由の意識が、社会変革の情熱として表現されるに至るのだ。

だが、ヘーゲルによれば、革命による変革の試みは、現実の論理と正面から衝突し、失敗せざるをえない。革命の情熱は自由の必然だが、情熱の挫折もその必然である。そうヘーゲルは論じるのだ。

ヘーゲルの自由論

どのように自由と善は両立しうるか。ヘーゲルが取り組んだ、自由をめぐる問題の焦点は、そのような形で要約することができる。近代哲学のうちで少しずつ浮上してきた問題が、ヘーゲルに至って明瞭な形を取るに至ったと言えよう。

この点を踏まえて、以下では、ヘーゲルが自由をどのように捉えていたのかについて、その要点を確認しておこう。

まず、問題の焦点を明らかにするために、ヘーゲルに先立つカントの議論を、あらためて確認することにしよう。

カントでは、自由とは、普遍的な善と「私」の欲求（カントの用語では、傾向性）の間で板挟みとなっている主体が、欲求にあらがい、善を目掛ける能力のことを指している。この点に関して、『実践理性批判』では、次のような主旨のことが述べられている。

——私たちは、文化や伝統の「教え」を度外視して、何が誰にとっても受け入れられる善であるかを理性の力によって知り、目掛けることができる。

確かに、私たち人間には、自分の幸福を気遣う心があるので、必ずしもそれを犠牲にして、普遍的な善を目指すとは限らない。人間である限り、つねに万人にとって善といえる行為をなすことは不可能だ。

それゆえ、自由は現実に存在しているのではなく、存在する「べき」ものである。善を構想し、それを目掛けるためには、自由が存在しなければならない――。


ここから分かるように、カントでは、自由と傾向性は相反するものとして捉えられている。

カントによれば、傾向性、すなわち「つい」により促された行為は、たとえ見た目ではよい行為であっても、結局は自分の幸福を増すことへの関心からなされているため、普遍的によいものとは言えない。

それゆえ、たとえば困っているひとが目の前にいて、「かわいそう、助けてあげたい」という思いに動かされてそのひとを助けても、それは自分の幸福（困っている様子を見たくない）のためになされているため、道徳的とは言えないことになる。

こう言われると、カントの主張は、かなり極端なものに思えるかもしれない。だが、カントは何も、感情にとらわれてはいけないとか、困っているひとに手を差し伸べるべきではないと言いたかったわけではない。カントの意図は、次の点にある。普遍的な善は、ただ理性でのみ知りうるものであり、それを目指す態度は、傾向性にあらがうことで獲得されるべきものである。その点に、自由の中心の意味がある。そうカントは考えたのだ。

「よい」欲求を選び取る

では、ヘーゲルは、自由をどのようなものとして位置づけているだろうか。

ヘーゲルの洞察のポイントは次の点にある。それは、**何かがしたいという欲求がなければ、自由の感覚をもつことはできない**というものだ。

欲求があってこそ、自由を感じることができる。欲求は、自由を感受するための本質的な条件の一つである。そのようにヘーゲルは考えるのだ。

この点に関してヘーゲルは『法の哲学』で、次のように述べている。

——「意志」は初め、直接的かつ自然的であり、ただ自分の内面においてだけ自由なものとしてある。

このとき意志は、衝動や欲求として存在していると同時に、自分がそれらによって規定されていることを自覚している。

この段階における意志の自由は、いわゆる「恣意」のことだ。

恣意のうちには衝動や傾向がうずまき、それらの良し悪しを客観的に判断することができない。

そこで意志は、自由を現実のものにするため、思考によって自己の内面を反省的に捉える。そして、「幸福」という観点から、衝動と、それを充たす手段を検討する。

そのために、思考は、普遍性を獲得している必要がある。様々な状況を考慮に入れて判断を下す能力をつけることが、自由を現実のものとするために求められるのだ。

そのために必要な条件を、私は「教養」と呼ぼう。

教養による陶冶を通じて、自分にとって何が確かな幸福であるかについての了解を得る。その了解に基づき、もろもろの欲求の中から、自分にとっての欲求を選び取る。ここに、自由を感じるための条件があるのだ——。

カントは、欲求にあらがって善を目指すことのうちに、自由の条件が存在すると考えた。一方、ヘーゲルは、思考の力をもとに、多様な欲求のうちから自分にとって本当に「よい」欲求をつかみとり、その欲求を達成することに、自由を感じるための条件があると考えた。自由についてのカントとヘーゲルの洞察は、欲求が自由の実現にとってマイナスに働くか、あるいは基礎条件となるかをめぐって、決定的な対立を見せる。

このヘーゲルの議論が意味しているところは何か。

一つの洞察としては、**自由は決してそれ自体で幸福をもたらすものではない**ということがある。なぜなら自由は、それに従ってさえいれば幸福が約束されていた共同体の伝統的な倫理を相対化し、幸福の一般的な形も相対化するからだ。

自由の自覚が進むところ、何が「私」にとっての幸福であるかは、各人で選び取るしかない。自由は幸福を約束しない。ヘーゲルの自由論は、そのことを私たちに示している。

「人格の相互承認」が自由の根拠

ヘーゲルの根本の仮説は、欲求が、自由が実現していくプロセスの始点をなしているというものだ。……がしたい、……が欲しい。原因は分からないが、とにかくそうした欲求、衝動が私たちのうちに生じてくる。その欲求を果たすときに、私たちは自由を感じることができる、とヘーゲルは考える。

とはいえ、ヘーゲルは単に、欲求を満たせば自由になれる、と論じるわけではない。そうではなく、自由は欲求を起点として、少しずつ、現実の関係性のうちで具体性を増していくと考えるのだ。ヘーゲルは、その第一のステップに「所有」を位置づける。

この点に関して、ヘーゲルは次のように論じている。

――「意志」は、自分が欲求によって規定された存在であるという自己意識をもつ。それによって、意志は「人格」として現れる。

初め、人格は、抽象的な意味で自由であるにすぎない。そのことを自覚するとき、人格は、自由を現実のものとするよう促される。その際、自分の外側にある対象を自分のものにすることで、自由を実質化しようとする。これを、対象の「占有」と呼ぼう。

だが、単に対象を手にしているだけでは誰かに奪われかねない。占有には「偶然性」があるのだ。不安定な占有を、自由が展開するプロセスの基礎とすることはできない。

では、どうすればいいか。それは、「契約」（＝約束）に基づき、占有を「所有」に転換することだ。

所有は、他者との承認関係のもとで成立する。所有においては、これは「私」のものであり、それは相手のものである、という認識が共有されており、力による奪い合いは起こらない――。

ヘーゲルは、所有を支えている承認関係を、**人格の相互承認**というキーワードで呼び、これを自由の基礎原理として定める。

人格性は総じて権利能力をふくむ。そして人格性は、抽象的な、それゆえに形式的な権利ないし法の、概念およびそれみずから抽象的な基礎をなしている。それゆえ権利ないし法の命令はこうである――一個の人格であれ、そして他のひとびとをもろもろの人格として尊敬せよ。

人格の相互承認と言われると、互いに心と心でつながること、という響きがあるかもしれない。だが、ヘーゲルのいう人格とは、法的人格 Person のことを指す。すなわち、人格の相互承認とは、各人が一個の権利主体として等しい存在であることを互いに認め合う、ということである。

ヘーゲルは、人格の相互承認を、法の体系の基礎、自由の展開の原理に置く。欲求を実現するには、享受の対象を手にする必要がある。そのためには、「私」と他者が、欲求を自由へと結びつけようとする存在であることを、ともに認め合うことが必要となる。人格の相互承認に基づき、所有の帰属を確定すること。これが自由の展開の基礎になる……。そうヘーゲルは考えるのだ。

ヘーゲルは、自由は一度の合意や契約で達成されるものではなく、人格の相互承認を基礎とし、歴史的な進展のうちで、次第に成立してくると考える。自由の意識は制度を必要とし、制度は自由の意識を進展させる。矛盾を克服するために制度が求められ、その制度が新たな基礎となり、自由の進展をさらに推し進める。ヘーゲルは、自由の意識と、自由の制度は、いわば相互補強の関係にあると考えるのだ。

道徳――普遍的な正しさを目がける意志

以上を踏まえて、ヘーゲルはさらに次のように論じる。

——自由の社会的な展開は、人格の相互承認を原理とし、自由な意志の力によって推し進められる。

相互承認が自由の実質化の条件であり、そのプロセスの展開が社会的な観点から見て「正しい」ことである……。そうした了解に達して、正しさの普遍性を自覚的に求めるようになったとき、意志は新たな段階へと進む——。


この段階を、ヘーゲルは「道徳」と呼ぶ。

ヘーゲルのいう道徳は、「不平等を絶対に無くさなければならない！」とか、「世界から一切の貧困を無くさなければならない！」と燃え上がり、善をロマンとして打ち立て、行為を通じて自分の意図の正しさを証明しようと欲する意志のあり方のことを指している。


善のロマン化は、近代において初めて生じた出来事である。

近代以前では、善の根拠は宗教や習俗の教え、すなわち掟に置かれ、善のあり方は、その掟によって全面的に規定されていた。

だが、自由の自覚が進むにつれ、掟に対して距離を取り、その妥当性を意識的に検討する態度が現れてくる。その態度のもと、みずから善を打ち立て、これを目指すべき目標へと高めあげる。自由の進展が、善のロマン化を導く。そうヘーゲルは考えるのだ。

しかし、ヘーゲルによれば、道徳には次のような問題がある。

それは、道徳では「各人が善をめざせば現実は必ずよきものとなる」という情熱が先行し、現実に正面から向き合って具体的な構想を導く必要性に考えが至らない、というものである。

道徳の「生命」をなしているのは、完全な善という理想へのロマンである。その観点からは、現実は誤っており、不完全なものとして映る。理想へのロマンを秘めた道徳の意識は、理想が人びとを動かすはずだという確信のもと、理想をもとに社会の変革を進めていかなければならない、と考える。

だが、ヘーゲルによれば、そのロマンは挫折を経験することになる。

この点について、ヘーゲルは次のように論じる。

——道徳の段階にある意志は、善を実現することが「万人の幸福」にとって必要だという洞察に基づき、理想の正しさを公に認めさせようと試みる。「全ての人びとに平和と幸福を」という理想を認めないのか。それはどう考えてもおかしいだろう、と――。

だが、万人の幸福は、実質をもたない空虚な理想を超えることができない。なぜならそこには、原理的に見て、実現の可能性が存在しないからである。

ここでいう万人には、他者に危害を加えるひと、すなわち、人格の相互承認という原理に反する行為、つまり犯罪を行うひとも含まれている。犯罪によって得られる幸福は、相互承認の原理に反するため、正当化することができない。文字通り一切の人びとの幸福を実現することは、そもそも不可能なのである。

良心とイロニー、「正解」なき善悪

万人の幸福という理想は、現実の壁にぶつかり、情熱は失われざるをえない。道徳の理想は、挫折を免れることができない。

では、この挫折から、次に何が現れてくるのか。ヘーゲルによれば、それは「良心」と「イロニー」の段階である。

ヘーゲルのいう良心とは、絶対的な正しさがどこにも存在しないことを知りつつも、なお善を実現しようとする「絶対的な自己確信」のことだ。

良心は、もはや万人の幸福という理想は、善の根拠にならないことを知っている。何が善であるかを決定するのは、最終的には「私」であり、他のいかなる理想もそこでは効力をもたないことを自覚している。善の条件に対するそうした了解を、ヘーゲルは良心と呼ぶ。

良心は、道徳が陥る挫折をくぐりぬけて現れてくる、自由の意識の段階である。絶対的な理想を置かず、善を自分の力で、自由に定める。その能力に対する自覚が、良心の核をなしている。

この力の自覚は、ニーチェがつかんだ良心の内実と、その本質を共有している。

ニーチェは良心を、約束する力として見て取った。ルールの正しさの根拠を、どこか別の場所に探し求めるのではなく、ただ自分の確信のみに置くこと。そして、それに従い、自分でルールを立て、それを誰の指図にもよらず自主的に守ること。ニーチェはここに、自由の条件が存在すると考えた。

共同体の価値基準が、疑う余地もなく強固だった間は、善悪の判断に困難を覚えることはなかった。それは自然法則のように自明のものであり、それに逆らおうとするのは、重力に逆らって空を飛ぼうと試みるのと同じほどに愚かなことであった。

だが、自由の自覚が進むにつれ、それまで従ってきた価値基準に、揺るがしがたい根拠が存在しないことがつかまれる。

それ以前、人びとは、共同体から与えられる価値基準のほうから自分の生の意味をつかんでいたし、それ以外の道は存在しなかった。しかし、自由の自覚が進展すると、どの価値基準を選び取るかは、各人の選択に委ねられる。そこでは価値基準についての「正解」は、もはや存在しない。

そのことを引き受けて、自分の意志をもとに価値基準を打ち立てる。そして、自分で立てた基準に従い、なすべきことを自力で定め、それをなす。ニーチェはここに、自由と善の両立の可能性があると考えた。

ニーチェの良心論は、価値基準の「正解」が存在しないことが自覚された後で、善と自由を両立させる可能性は存在するかか、という問題をめぐって展開している。この点で、ニーチェとヘーゲルの洞察には重なるところがある。

だが、ニーチェとヘーゲルの洞察には、次のような違いがある。ヘーゲルには、良心は単に「私」の確信にとどまっていることはできないという洞察があった。なぜなら、ヘーゲルによれば、良心には「悪」へと転化する可能性があるからだ。

良心は、形式的な主観性以外のなにものでもないものとしては、まさに、悪に急転しようとしているものなのである。道徳と悪とはどちらも、自己自身への確信が自分だけで存在し、自分だけで知りかつ決定するところに、その共通の根をもっている。

良心は差し当たり「私の心がけ」にすぎず、主観的で個人的な確信を超えない。良心には、本質的に、ただ「私」に当てはまるだけの思い込み、独りよがりにすぎない可能性がある。こうした独りよがり、すなわち独善を、ヘーゲルは「悪」と呼ぶ。

宗教的、文化的な「掟」が効力を有するところでは、善悪はその掟によって定められる。掟はそれ自体で正しいものとされ、掟によって規定される善悪もまた、それ自体で妥当性をもっと見なされる。

だが、自由の自覚が進展するにつれ、掟の威力は失われ、善悪そのものが存在するという観念は、次第に効力をもたなくなる。ここではもはや、ある行為の善悪を判定する絶対的な基準が存在すると素朴に信じることはできない。

自由の自覚が進展するところ、善悪の共通了解を支えていた伝統的な根拠が失われる。何が善であり、何が悪であるかについての「正解」が存在するという確信が消え、複数の善が、「真」の善の座をめぐり対立するに至る。

自由の世界において、良心は本質的に、独善としての悪へと陥る可能性を備えている。ここでは善悪は水と油の関係ではなく、コインの表裏をなしているのだ。

こうして自由の自覚は、善悪には絶対的な裏付けが存在しないことを認識する段階へと至る。ヘーゲルは、その裏付けの無さを自覚的に「利用」する態度を、イロニー（アイロニー、皮肉）と呼ぶ。イロニーのあり方は、次のようなものだ。

何が善であるかは自分の捉え方次第で決まる。普遍的な正しさがありえないことは、分かっている。結局は、自分が正しいと思うことが正しいのだ……。

このような、一切の規定性から自由であるという確信が、イロニーの内実をなしている。

以上のヘーゲルの洞察には、私たちを深く納得させるところがある。

ヘーゲルは、イロニーの「屈折」は唐突に生じるのではなく、理想の実現不可性がつかまれたときに成立すると考える。絶対的な理想を描けばこそ、それに対する挫折も深い失望として現れてくる、というのだ。

では、自由の夢想は失望へと落ち込むしかないのだろうか。それを地上に着陸させ、現実に根づかせるための方法は存在しないのだろうか。

ヘーゲルは、その可能性の条件を、言葉の営みに求める。「私」と他者の間で、良心のあり方を相互に表現し、共通了解を導くこと。ヘーゲルはここに、自由が現実のものとなるための可能性があると考えるのだ。

「断言」する言葉で、善の共通了解を試みる

ヘーゲルの良心論は、『法の哲学』のほかに、『精神現象学』でも展開されている。ここで、『精神現象学』における良心論を簡単に要約しておきたい。

——良心は、絶対に確実な知が不可能であることを知っている。また、それと同時に、自身の信念に基づいて何らかの行為をなすことに自身の本質がある、と考える。

良心は、自身の確信以外には決断の根拠が存在しないことを自覚している。良心はその根拠を、何が正しいかについての内的な自己確信、自己納得のうちにもつ。ここに、良心の本質がある。

良心は自身の信念を、行為を通じて表現する。

これに対しては、その行動が、結局は個人的な善悪の判断によるものにすぎないという批判がなされるだろう。だが、良心は、内的な確信によって行為することに自身の本質があることをつかんでいる。だから、もし自身の行動が正当に評価されなければ、断言（＝言葉）によって、それが決して自己満足に終わるものではなく、普遍的な意義をもつことを確証しようとするだろう。

自身にとっての義務の確信を、言葉によって表現すること。これが良心の普遍性を根拠づけているのだ——。


ここで取り出されている重要なポイントは、**行為の善悪を判定する基準は、「私」と他者の間で交わされる言葉の営みのうちで取り出すしかない**ということである。

良心は、自分の善悪の基準に従って行為をなす。その価値基準は、差し当たっては個人的なものにすぎない。したがって、その行為は、独りよがりのものでしかないかもしれない。

だが、良心は、ある行為がもはやそれ自体では独りよがりとはならないことをつかんでいる。善そのものは存在せず、善悪の基準は、他者との開かれた言葉の営みのうちから見て取るしかないことを深く了解している。ヘーゲルによれば、この確信が、良心の核をなしているのだ。

『精神現象学』の訳者、金子武蔵は、良心を「全的に知ること」と訳しているが、そこには良心のもつ性格がよく表現されている。

「全的に知ること」は、決して、世界の一切を正しく知りつくす、というような意味ではない。そうではなく、全知は存在しないこと、絶対的な善悪の規準はもはや存在しないことをもすべて受け入れた知のあり方をいう。

独善の可能性を受け入れつつ、善悪に対する「私」自身の確信を、言葉によって他者へと開き、普遍性のテストのうちに置き入れる。ヘーゲルにおける良心は、そうした意志を核とする知のことをいうのだ。

自由と善は、共通了解によって両立する

自由と善はいかに両立するか。ヘーゲルは、近代哲学の展開を踏まえてこの問いに取り組み、次の解答を置いた。それは、相互承認の原理に基づき、言葉の営みのうちで善悪の共通了解を作るべく試みること、である。

もちろん、つねに善悪の共通了解が成立するとは限らない。絶対的な善悪の「正解」が用意されていない以上、それは何ら保証されていない。だが、ここで重要なのは、その「正解」を前提する態度を向け替えない限り、善悪をめぐる信念対立は原理的に解決できず、強者の論理が再び力をもち始めるということである。

相互承認か、あるいは、強者の論理による抑圧か。

こうした選択が、共通了解という地点では問われているのだ。

現代の自由論に向けて

現代社会においては、近代において目指されていた意味での自由は、着実に現実のも

のとなりつつある。
そして、まさにそれゆえに、自由はそれ自体で価値あるものだという確信が成立しにくくなっている。なぜなら、私たちの欲望のあり方から言って、すでに達成されてしまった目標から、それ以前に感じていたような魅力を感じ取ることができないからだ。現代の先進国において、自由はもはや夢想される目標ではない。私たちが自由を「持て余す」ことには、それ相応の理由が存在するのだ。

私たちにとって自由は、当たり前のものとして存在している。だが、当たり前であるがゆえに、自由が原理的な条件によって支えられていることが実感できにくくなっている。

こうした状況において、哲学では、自由の意味と価値をあらためて根本から確認する必要に迫られている。

というのも、自由は決して、保証された事実ではないからだ。

強者の論理を抑制するための制度が存在しなければ、自由はただ、空想のうちにしか存在できない。ホッブズ以来、西洋哲学はその直観によって貫かれてきた。

だからこそ、近代哲学の完成者であるヘーゲル、「神」なき時代の倫理の根拠を考察したニーチェの洞察を踏まえつつ、私たち自身の手で、あらためて善悪の共通了解の原理を作りなおすことが、今日の哲学における一つの重要な課題なのである。

＊

自由の自覚のもと、私たちは、善悪を自力で構想する力を手に入れた。

だが、善悪に関する「正解」、善そのものがどこかに用意されているという想定を断念しないかぎり、善悪をめぐる信念対立は、原理的に起こらざるをえない。

その信念対立に直面するとき、私たちは善悪の無根拠性という事実に落胆し、挫折を覚え、ニヒリズムへと陥るだろう。

だが、その挫折の意味を深く了解するとき、新たな可能性が生まれる。天上を見上げて善悪を夢想する代わりに、この現実のうちから善悪の可能性を創出することが、真摯な課題として立ち現れるのだ。

[第三章]

共通了解

言葉と可能性

この章を読むことで
身につく哲学的思考

>言語の本質がわかる
>共通了解の意味と目的がわかる
>哲学が導く可能性がわかる

登場する主な哲学者

ルートヴィッヒ・ヴィトゲンシュタイン

1889～1951年

オーストリア生まれの哲学者。ヴィーンのユダヤ系の家庭に生まれる。ベルリン大学とマンチェスター大学で工学を学んだ後、ケンブリッジで論理学、哲学を学ぶ。第一次世界大戦中、オーストリア軍に志願。戦後は小学校教師や庭師などを経て、ケンブリッジ大学正教授に就任。英米言語哲学に多大な影響を与える。主著に『論理哲学論考』、『哲学探究』(死後刊行)。

哲学は伝統的に、物事の本質（＝共通項）を洞察する営みとして行われてきた。その試みは初め、古代ギリシア世界において、世界とは何か、善悪や美醜の本質は何か、という問いをめぐって行われた。その問いにおいては、ある概念を原理として、世界を合理的かつ統一的に理解することが第一の課題となった。

哲学をそうした営みとして打ち立てたのが、タレスに始まるイオニア地方の哲学者たちである。

タレスは、ギリシア本土の対岸、現在のトルコにあるイオニア地方のミレトスという都市国家にて活動した。

パルテノン神殿のような巨大な建造物が残るアテナイ（現在のアテネ）と異なり、ミレトスには、ギリシア的な遺構はほとんど残されていない。だが、港町だったミレトスは、ペルシアやエジプト、バビロニアといった様々な文化圏に囲まれ、多様な文化の行き交う貿易都市として栄えていた。

ギリシア文化が支配するアテナイと、多様な文化が行き交うミレトス。「辺境」のミレトスで哲学が誕生した背景には、そうした対照が存在している。

善悪や正不正の基準を説く世界観が、神話や文化の「掟」として力強く根づいているところでは、普遍性を目掛ける営みとしての哲学は成立する条件をもちにくい。逆に、ある特定の世界観の支配力が失われ、様々な世界観が並行して存在するところで、哲学は成立し、発展の条件をもつ。

現代でこそ、文化の多様性は、一般に肯定されるべき価値であると見なされている。だが、多様性は、それ自体で優れた価値であるのではない。文化の違いを相互に承認することが同意されていなければ、違いは不安を生み出し、対立を生み出す条件として働くだけである。

個々の文化に固有の世界観は、別の世界観との衝突を乗り越えるための方法をもたない。この点が洞察されたとき、哲学は進展のきっかけを手に入れる。哲学は、誰でも理性で考えれば納得できるような原理を導き、それによって、文化同士の対立を乗り越えるとともに、本質についての共通の納得を導く営みとして始まり、展開してきた。その意味で、哲学とは、概念を用いて、共通了解を少しずつ推し進めていく言葉の営みにほかならない。

意味の秩序としての人間世界

哲学は、本質をめぐる信念対立を解決し、本質についての共通了解を導くことをその動機として現れてきた。

だが、そもそもなぜ信念対立は、人間にのみ見られるのか。なぜ歴史上、宗教対立やイデオロギー対立が繰り返されてきたのか。信念対立が生じる理由はどこにあるのか。

信念対立は、火山が噴火したり、地震が発生したりするような仕方では起こらない。信念対立を引き起こす自然法則は存在しない。信念対立は、どこまでも「人間的」なものである。なぜか。端的に言えば、人間世界が本質的に言葉の秩序であり、意味の秩序であるからだ。

動物の世界は、その根本においては、強者の論理によって支えられている。誰がリーダーであり、誰に従うべきかは、原則的に、力によって定められる。弱いものは、強いものによって排斥される。老年のボスザルは、若きリーダーによってその座を追われ、弱きシマウマは、強きライオンによって捕食される。生態系は、力を根本原理としたピラミッド構造である。

一方、人間は、物理的な力を超えた力をもつことができる。それは、私たちが言葉によって意図を交わすことができるからだ。

言葉が存在するからこそ、私たちは約束を行い、合意を導くことができるし、あるいは、策略によって相手をやりこめたり、だましたりすることもできる。「明日10時に駅前で会う」とか、「昼の12時に会議を行う」といった約束が守られたり、反故にされたりするのは、言葉の秩序においてである。もし言葉が存在しなければ、そもそも約束がなされることはないだろう。

約束をなすことができるのは、ただ人間のみである。それは、私たち人間の世界は、本質的に言葉によって編まれているからだ。人間世界の秩序は、言葉の秩序であり、意味の秩序である。それは物理的な力ではなく、関係についての了解を原理として成り立つ社会秩序である。

言葉が存在しなければ、社会秩序は成立しない。なぜなら、そこでは善悪の共通了解、すなわち、善悪に関する約束が成立しないからである。

社会秩序を支える第一の条件は、善悪の共通了解である。何が善であり、正しいことであるかを判定する基準が存在しなければ、約束や合意に反する行為がなされたときに、それに対して刑罰を与えられず、社会秩序を維持することはできない。

善悪の共通了解が強固に保たれている間は、社会秩序は安定し、それが失われれば、社会不安は高まる。神話であれ哲学であれ、善悪の共通了解は、共同体の存続と、私たち自身の生存という観点から、歴史上つねに求められてきたし、これからも求められるのだ。

自由と近代の夢

近代哲学は、善悪の共通了解を作りなおし、強者の論理を抑えることでのみ、誰もが自由に生きられる可能性を導くことができることを説いた。契約（＝約束）のみが正義の根拠であると論じたホッブズから、自由と善を両立させるための制度が必要であると論じたヘーゲルまで、近代哲学は、自由の条件をめぐる洞察を、時代のうちで少しずつ推し進めてきた。

自由は、近代の夢として現れた。それは目指されるべき目標であり、歴史は、その目標への進展を、いわば「確認」する過程だった。

カントは『実践理性批判』で、私たちが道徳法則に即して行為できるためには、自由が存在しなければならないと論じた。カントにとって、自由は、善のために存在しなければならない条件であった。

また、ヘーゲルは『法の哲学』で、自由は歴史の展開のうちで次第に現実性をもつようになると考えた。天上に理想を思い描くカントと異なり、ヘーゲルは、私たちの関係性のなかで、自由が少しずつ形を取っていくと考えた。

自由を求める欲求が原動力となり、初めは意識のうちに留まっていた自由が、権利や契約などの制度として、徐々に現実世界のうちへ現れ出てくる……。ヘーゲルは、自由がそのような形で展開されることに、社会的な正義の根拠があると考えた。

自由という近代の夢は、制度という形を取って、現実の地平に着陸した。

誰もが自由に、生きたいように生きられる可能性。自由恋愛、信仰の自由、職業選択の自由……。これらの諸自由は、近代哲学者たちが導いた原理をもとにして、初めて可能となった。

自由は、いまや夢想の対象ではなく、実際に生きられている現実である。だからこそ私たちは、自由の条件をめぐる洞察に、魅力を感じにくくなっている。

これは、一見したところ、逆説的に思えるかもしれない。だが、それはむしろ本質的なことである。なぜなら、私たちの欲望の本性から言って、達成された目標は、目標としての意味を失うからだ。

いったん達成された目標は、それ以前に放っていたような魅力を与えない。それは私たち自身の経験を振り返っても、容易に見て取ることができるはずだ。

現代の先進国に生きる私たちは、生まれながらに自由である。だがそこから、歴史上人間が、そもそも自由な存在として生まれたと結論するのは誤りである。

自由は決して、保証された事実ではない。自由を維持するための制度がなければ、自由は存在しない。その場合は、ただ、強者の論理が効力を取り戻すのみである。

戦争は、自然災害のように起こるのではなく、善悪の共通了解が失われることをその条件とする。望もうと望むまいと、条件が満たされれば起こらざるをえない。だからこそ、私たち人間は、歴史のうちで、善悪の共通了解を作りなおし、戦争を起きにくくするための制度を少しずつ拡充させてきたのだ。

「戦争を無くさなければならない」と説くのは容易である。だがそれでは何も問題は解かれていない。声の大きさや、思いの強さ、理想の高邁さが戦争を無くしたり、抑制したりできると考えるのは、まったくの誤解である。

言葉が「はじまり」を生み出す

20世紀の政治哲学者、ハナ・アレントは『革命について』の序章で、次のように述べている。

暴力ははじまりであった。暴力を犯さないでは、はじまりはありえなかった。

アレントがこの「はじまり」という言葉で想定しているのは、近代哲学で重要なキーワードである**自然状態**だ。

自然状態とは、文化的な慣習や「常識」が成立する以前の、生身の人間だけが存在する状況に関する仮説である。複数の生身の人間を、ある一定の空間へと置き入れたとき、そこからどのような過程が生じ、どのような地点に行き着くか。自然状態の仮説を置く目的は、この問いについての洞察を導くことにある。

ここでは具体的に立ち入らないが、ホッブズやカントに加え、ジャン＝ジャック・ルソーやジョン・ロックといった近代哲学者もまた、それぞれ独自の仮説を置き、それをもとに議論を行った。自然状態の仮説は、近代哲学において、大きな役割を果たしたのである。

では、その役割はどのようなものだったのか。また、なぜそうした問題の立て方が、近代哲学において重要な意味をもったのか。

自然状態の仮説は、一つの思考実験である。だがそれは、単なる空想上の思考だったわけではない。ここで重要なのは、その仮説が、現実の社会の秩序を編み変えるための意欲を生み出す条件として働いたということである。

近代以前のヨーロッパでは、「はじまり」とは、ただ神による創造だけを意味していた。キリスト教以外の世界観は、間違った、悪しき異端の世界観として断罪されねばならなかった。だが、歴史が展開するなかで、自由の意識が芽生え、キリスト教の世界観が少しずつ相対化されていく。

初め、自由は、自覚されずにとどまっていた。だが、近代哲学者たちが、自然状態という概念を生み出したとき、私たち自身の理性で善悪の共通了解を作りなおし、それに基づいて共同体のあり方を構想する可能性が自覚され始めた。そのとき、自由が、現実への足掛かりを得たのだ。

近代哲学者は、言葉によって「はじまり」を作り出した。時代の感度を聴き取り、それを概念として表現することで、時代の欲求と意志に対して形を与えた。彼らの言葉が、近代の可能性を、具体的な目標へと作り上げたのだ。

ヴィトゲンシュタイン──分析哲学の創設者

ヘーゲル以後、哲学のうちで、言語(言葉)がテーマとして着目され始める。その背景には、論理学の発展がある。言語を論理学の視点から捉えなおし、整理することで、言語の曖昧さや「謎」を解決できるはずである、と考えられたのだ。

言語の謎とはどのようなものだろうか。

たとえば、よく用いられるものとして、次のような文がある。

「クレタ人は嘘つきである」とクレタ人は言った。

もしクレタ人が嘘つきなら、「クレタ人は嘘つきである」という表現もまた嘘であることになる。そのため、この文章からは、クレタ人が本当に嘘つきなのかどうかを論理的に判定することはできない。こうした論理矛盾を、哲学では、自己言及のパラドックスと呼ぶ。

20世紀の哲学では、論理学の観点から、こうした言語の謎に取り組む分野が大きく発展した。これは一般に**分析哲学**と呼ばれる。分析哲学は、現象学、ポストモダン思想と並び、20世紀を代表する哲学の一分野だ。

分析哲学を代表する哲学者が、オーストリア出身のルートヴィヒ・ヴィトゲンシュタイン（1889～1951年）である。

ヴィトゲンシュタインの哲学は、2つの対照的な極をもっている。

一方には、言語によって世界全体を正しく写し取ることができるという主張がある。

そして、もう一方には、言語は共同の営みであり、言語と世界の一致は問題ではなく、言葉が通じているのは「たまたま」でしかない、とする主張がある。

基本的には、前者の立場がヴィトゲンシュタインの前期の哲学に、後者が後期の哲学に対応している。ここでは、前期を厳密論理主義、後期を相対主義として区別しておく。

分析哲学の過程は、ヴィトゲンシュタインの哲学の2つの極をめぐって展開している。ヴィトゲンシュタインの哲学は、彼亡き後も、言語をめぐる哲学の方向性を規定するものとして、大きな影響を与え続けている。

ただし、ヴィトゲンシュタイン自身を、それらの主義の主導者、分析哲学の預言者として扱うことには慎重になる必要がある。というのも、ヴィトゲンシュタイン以後、分析哲学は、いわばヴィトゲンシュタインを押しのけて展開したからである。

ヴィトゲンシュタイン自身は、厳密論理主義にも相対主義にも積極的にコミットしなかった。反対に、それら2つの主義の間で、言語の条件とその限界をめぐり、概念を少しずつ試し置きしていたのだ。

『論理哲学論考』——言語、世界、神秘

初め、分析哲学が言語を考察の対象とした際、問われていたのは次の問題である。それは、**言語は世界を正しく捉えることができるのか**、というものだ。

その理由は、次の点にある。

もし言語が世界を正確に捉えることが証明できなければ、言語による世界の描写は、実は何ら意味あることを語っていない可能性を拭えないのではないだろうか。そのとき、哲学は何ら実質的なことを語っていない「おしゃべり」にすぎなくなってしまうのではないだろうか……。

この点をめぐる問題意識が、前期のヴィトゲンシュタインと、そこから成立してきた分析哲学を動かす動機として働いたのだ。

前期ヴィトゲンシュタイン哲学の基本の構えは、**世界と言語は一対一対応の関係にある**、というものだ。

ヴィトゲンシュタインは、前期を代表する著作『論理哲学論考』にて、以下のような

主旨の議論を行っている。

世界と言語は「型」を共有しており、それによって一対一の対応関係で結ばれている。世界とは、すべての物事を集めた総体である。それら物事の結びつき方と、言語の「部品」をなす命題（＝文）の結びつき方は等しい。だから、それらの文を結びつけていけば、世界は正しくモデリングできる。

たとえば、「このテーブルは丸い」という文は、このテーブルが丸いという事実と対応していれば真であり、そうでなければ偽である。文の真偽は、このように事実と照らし合わせて判定される。

世界の一切の物事は、文により表現される。文の正確さは、写し取られている物事を直接に検証して判定できる。その作業を通じて、真と判定された文だけを集めれば、世界を正しく写し取ったと言うことができる。

なお、現にそうした作業を行う必要はない。実際、世界をすべて知りつくすことは不可能だ。「私」は「私」の世界を生きることしかできないからである。

だが、言語が精密な「道具」であることがあらかじめ保証されていれば、「私」が経験できる世界の限界を超えて、言語は世界を写し取る能力をもつと正当に主張することができる。

その正当性の条件をなすのが、論理である。

なぜか。論理は状況によらず、つねに正しいからである。

論理の正しさが、言語の写し取り能力の正しさを保証している。

したがって、言語は、どのようなブレもなく、一切の物事を、すなわち世界全体を、正確に模写できるはずである。その意味で言語は、世界の「鏡」として働くものである……。

ヴィトゲンシュタインは、次のように論じている。


世界の意味は、世界の外側に存在していなければならない。世界のうちでは、一切はあるがままにあり、起こるがままに起こる。世界のうちには、いかなる価値も存在しない。


ここで、価値とは、「世界はこうであるべきだ」というような理想のことをいう。哲学では「こうある」を事実と呼び、「こうあるべき」の理想を**当為**という用語で呼んでいる。

プラトン以来、哲学の伝統的な問題は、正義や善悪といった価値を洞察することに置かれてきた。ヴィトゲンシュタインは、この伝統に対して、それら当為について語る言葉は、世界のうちに対応する事実をもたず、それゆえ真偽を判定できる文として成立しないと論じる。すなわち、当為に関する文は、何についても語っていない、ただの「おしゃべり」にすぎないというのだ。

いかなる倫理学の命題もまた存在しえない。

たとえて言えば、前期ヴィトゲンシュタインにとって、言語とは、いわば世界のコピー機である。

コピー機の役目は、対象を正しくコピーすることにある。コピー機のなすべきことは、トレーの上に載せられたものを正確に読み取り、模写することである。勝手に内容を追加したり、良かれと思って修正したりすることは、コピー機に求められる役割ではない。「本当はこうあるほうがよい」として、勝手にデータを書き換えてプリントアウトしても、それは余計なお世話である。コピー機は、ただ事実の模写に専心すべきであり、それ以外については口を挟むべきではない……。

当為は世界の「外側」に存在している。それはそもそも写し取られる対象ではない。それは、言葉では表現できない「神秘」である。神秘はただ、世界の「向こう側」から示されるものである。ヴィトゲンシュタインは言う。

もちろん言い表しえぬものは存在する。それは示される。それは神秘である。

この洞察から、ヴィトゲンシュタインは、『論理哲学論考』の結論にて次のように論じるに至る。

語りえないものについては、沈黙しなければならない。

ヴィトゲンシュタインが、この「語りえないもの」をどのように評価していたかについては、はっきりしたことは分からない。

だが、少なくとも明らかなのは、ヴィトゲンシュタインは、言語で一切が捉えられると考えたわけでも、言葉で表現しがたいものをドライに切り捨てるべきだと論じたわけでもないということである。

私たちは普通、存在しているからには何らかの仕方でそれを表現したり、言い表したりすることができるはずだと考えているだろう。だが、『論理哲学論考』のヴィトゲンシュタインには、言葉によっては表現できず、形容しがたいものが、この世界の「向こう側」に存在しているという直感があった。

「語りえないもの」に対しては沈黙によって応じるべきだ、とヴィトゲンシュタインは論じている。これは「語りえないもの」は価値のないものであり、軽視してよいということではない。それはむしろ、世界の「向こう側」から示されるがままに、それを受け取るほかかない、ということである。

ヴィトゲンシュタインのこの感度が、『論理哲学論考』を背後から支えているのだ。

論理実証主義——『論理哲学論考』の主義化

言語が世界を正しく表現していれば、その表現は真であり、さもなければ偽である。世界についての一切の表現は、論理学的に真偽が判定できるのでなければならない……。

このような観点から、哲学を自然科学と同一の水準へ「高める」ことが、『論理哲学論考』が発表された頃、1920年代の哲学における一つの主要な関心をなしていた。

こうした思想の動向を、論理実証主義という。

論理実証主義は、前期ヴィトゲンシュタインの思想から影響を受けた哲学者からなる哲学上の運動である。オーストリアのウィーンで活動したことから、ウィーン学団とも呼ばれている。主要なメンバーに、シュリック（1882〜1936年）やカルナップ（1891〜1970年）らがいる。なお、1938年に、オーストリアを合併したナチス・ドイツにより、ウィーン学団は解散させられ、メンバーの多くはアメリカに亡命した。

論理実証主義の関心は、事実との一致を確かめられる文を集め、それによって、事実の総体としての世界を記述することにあった。

論理実証主義は、哲学は「科学」的でなければならないという考えのもと、言語は事実をいかに正確に記述できるか、という問題に取り組んだ。しかし、そこでは哲学が伝統的に考えてきた問題は正当に扱われず、結局は主義の枠を超えられなかった。論理実証主義の方法では、結局のところ、哲学の根本的な問題は解くことができなかったのである。

論理実証主義では、言語と世界（＝事実の総体）は一対一の対応関係にあるとする前提のもと、議論が展開された。この前提は、ある事柄は一義的にしか表現できないことを意味している。だが、少し考えれば、それが誤りであることはすぐに分かる。

たとえば、目の前に青い花があるとしよう。この場合、「目の前に青い花がある」という表現は真であり、「目の前に白い花がある」は偽だと言える。これは単純だ。だが、「目の前に白くない花がある」とか、「目の前に何かがある」という表現はどうだろうか。表現としては間接的だが、誤っているわけではない。

また、挨拶や呼びかけなどの表現はどう扱えばよいだろうか。「こんにちは」「もしもし」「どうぞ」といった表現は、世界の側に対応する事実をもつわけではない。しかし、それらを考察の対象外とすることは、言語についての哲学として適切な態度だろうか。

論理実証主義は、こういった問題に答えを与えることができなかった。そのため、思想上の運動としては下火にならざるをえなかったのである。

論理実証主義への批判——クワインによるホーリズム

論理実証主義に対する一つの代表的な批判として、分析哲学を代表するアメリカの哲学者の一人、クワイン（1908〜2000年）の議論がある。

クワインは『論理的観点から』において、論理実証主義の考え方に対し、次のような説を示している。

――個々の文はそれぞれ独立して意味をもつのではない。そうではなく、文は他の文を含めた全体において初めて意味をなす。言明の意味は、個々の言明において成立するのではなく、科学の全体の連関のなかで成立するものだ。

新しい経験が起こり、それまで受け入れられてきた知識が改訂されるとき、知識のネットワークは、それに応じてリバランスを行う。一切の知識は、他の知識との関係のうちで初めて真でありうる。どのような知識も、それ自体で真であったり偽であったりすることはない――。

このクワインの主張は、ホーリズム（全体論）と呼ばれている。ホーリズムは、分析哲学における有力な説の一つである。

だが、分析哲学には、クワイン以外にも、オースティンやクリプキ、ローティなど、様々な哲学者が、それぞれ独自の理論を展開しており、決定的な学説は存在していない。

『哲学探究』——言語ゲーム論

『論理哲学論考』を発表した後、ヴィトゲンシュタインは、哲学の世界からいったん身を引く。小学校の教師や建築家などを経て、1929年、哲学の活動を再開する。この頃を境に、後期ヴィトゲンシュタインの哲学が始まる。

後期ヴィトゲンシュタインを代表する概念は、**言語ゲーム**である。これは主に、後期の主著『哲学探究』で論じられているものである。

ゲームと言われると、おそらく、スマホゲームやテレビゲームなどのような「お遊び」をイメージするかもしれない。言葉を「お遊び」として捉えるとは不適切ではないだろうか、と直感的に思うかもしれない。だが、言語ゲームは、そうした「お遊び」も含む、より包括的な概念だ。

ヴィトゲンシュタインのいう言語ゲームは、言葉の営み、すなわち言葉によるコミュニケーションをいう。ゲームである以上、そこにはルールがあり、ゴールがある。すなわち、言語ゲームとは、ある目標を目掛けてなされる、言葉による営みのことである。

言葉が伝わるとはどういうことか

最も単純な言語ゲームとして、ヴィトゲンシュタインは次のような例を示している。家を組み立てている大工同士のやりとりだ。

Aは石材によって建築を行う。石材には台石、柱石、石板、梁石がある。BはAに石材を渡さねばならないが、その順番はAがそれらを必要とする順番である。この目的のために、二人は「台石」「柱石」「石板」「梁石」という語からなる一つの言語を使用する。Aはこれらの語を叫ぶ。——Bは、それらの叫びに応じて、もっていくよう教えられたとおりの石材を、もっていく。——これを完全に原初的な言語と考えよ。

ここでは、「ダイイシ!」や「セキバン!」など、ただいくつかの単語が用いられているにすぎない。にもかかわらず、親方の意図は助手に伝わり、助手は親方が何を求めているかを汲み取って適切な用材をもっていく。

親方は別に、「私は助手が台石をもってくるように要求する」と言っているわけではない。にもかかわらず、助手は、親方が何を求めているかを即座に把握し、それに応じて行為する。そして、そこに何ら問題は生じていない。

なぜ、こうした仕方で言葉は伝わるのか。

言葉は、何を伝えているのか。

言葉が伝わるとは、そもそもどういうことか。

ヴィトゲンシュタインが『哲学探究』で考察しているのは、こうした問いである。

家族的類似性——言語ゲームには類似のみが存在する

ヴィトゲンシュタインは、言語ゲームについて論じるにあたって、ゲームとはそもそもどのようなものであるか、という問いを置き、私たちが実際に用いている言語の用いられ方、用法に着目して、言語についての洞察を進めていく。それを踏まえて、ヴィトゲンシュタインは、**家族的類似性**という概念を示す。

その意味はこうだ。

ボードゲームやカードゲーム、スポーツといった様々なゲームは、緩やかに似ているだけである。そこに本質は存在しない。ゲームとは何かについて、厳密な定義をなすことはできず、そこにはただ一連の類似しか存在していない。ゲームという概念は、輪郭のぼやけたものである。そのようにヴィトゲンシュタインは論じる。

このヴィトゲンシュタインの主張は、しばしば、相対主義の立場から受け取られる。言語ゲームに本質は存在しない。存在するのは、ただ多様な言語ゲームだけである。本質は、多様性を抑圧し、共通性を押し付ける悪しきものである。多様性を尊重するために、本質という概念を批判しなければならない……。現代の哲学では、こうした種類の議論が、言語に関する分析を離れて、近代哲学・近代社会批判の文脈で展開されることも少なくない。

だが、ここでもまた、前期の著作『論理哲学論考』と論理実証主義をめぐる関係と、同様の事態が生じている。

ヴィトゲンシュタインは、『論理哲学論考』にて積極的に厳密論理主義を説いたのではない。それと同様、『哲学探究』で積極的に相対主義を説いたのでもない。相対主義へと向かう動機が、ヴィトゲンシュタインの洞察を踏み台とし、彼自身を置き去りにして、言語ゲーム論の相対主義化をもたらしたのだ。

プラトン以来、本質とは、事柄の共通項のことを意味している。これは回りくどい言い方をすれば、「それは何か?」という問いで問われているところのもの、である。「机とは何か?」「世界とは何か?」「善とは何か?」……。本質は、こうした問いで求められている答え、すなわち、事柄に共通する意味のことをいう。

一方、ヴィトゲンシュタインにおいて、本質とは、論理学において探求されるものである。言語の本質とは、言語の機能と構造のことであり、言語の本質を問うことは、表現の背後にあるもの、すなわち、言語を支えている論理の秩序を問うことである、と言われる。

論理学はあらゆる学問の根底に横たわっているように見えた。——なぜなら、論理的な考察はあらゆるものの本質を探究するからである。それは、ものごとをその根拠において見ようとするから、あれやこれやの現実の出来事などにかかずらってはならないのである。

言語ゲームの背後に、それを支えている枠組みや仕組みを仮定しないこと。ただ事実の水準にとどまり、そこから類似性を見て取ること。これが『哲学探究』におけるヴィトゲンシュタインの探求の態度だ。

ヴィトゲンシュタインが試みているのは、様々な言語ゲームについての仮説を立て、そこから見て取られる類似の性質を論じることである。これは明らかに、相対主義とは異なる態度である。

相対主義は、言語ゲームに共通性は存在せず、ただ多様性が存在するにすぎないと論じる。だが、ヴィトゲンシュタインは、言語ゲームの相対性を「主義」の観点から片付ける代わりに、言語ゲームを支える条件をめぐって考察を行っている。この点から言えば、ヴィトゲンシュタインが探求しているものと、言語の本質は、ヴィトゲンシュタイン自身の言にかかわらず、対置されるべきではない。

『論理哲学論考』と論理実証主義は、切り離して理解しなければならない。これと同様のことが、『哲学探究』と相対主義の関係についても当てはまる。言語ゲームの相対性を、相対主義の観点へと導き入れるのは、ヴィトゲンシュタインの洞察に対する正当な評価とは言いがたい。

生活形式――言語ゲームの成立条件

では、ヴィトゲンシュタインは、何を言語ゲームの性質として取り出しているのか。それを表すキーワードは、**生活様式**である。

この点に関して、ヴィトゲンシュタインは次のように論じている。

「言語ゲーム」ということばは、ここでは、言語を話すということが、一つの活動ないし生活様式の一部であることをはっきりさせるのでなくてはならない。

言語において人間は一致するのだ。それは意見の一致ではなく、生活様式の一致なのである。

言葉が通じるとはどういうことか。それは、生活様式が一致するということである。生活様式の一致として、言葉を介した相互の了解が成立するのだ。そうヴィトゲンシュタインは論じている。これは、言葉をまさしく営みとして捉える観点だ。

私たちは普通、言葉が通じるとは、あたかもラジオの電波が送信機から受信機に伝わるように、意味が言葉に写し取られ、その言葉を交わすことで意味をやりとりしている、というように考えているだろう。

ヴィトゲンシュタインは、こうした意味、言語観に対し、言葉とは、いわば「生のコンテクスト」の一致であると考える。

言語の意味は、言葉の表現をどれだけ細かく分析したところで取り出すことはできない。言語が伝わるとは、生のコンテクストが一致することである。その一致において、コミュニケーションがなされるのだ。そうヴィトゲンシュタインは論じる。

では、いかにしてコンテクストの一致が分かるのか。ヴィトゲンシュタインは、**振る舞いの一致**がその条件であると論じる。

この点に関して、ヴィトゲンシュタインは、他人のもつ感覚、なかでも他人の痛みを取り上げる。

ヴィトゲンシュタインの問題設定はこうである。「私」は、結局のところ、他人が感じているはずの痛みを直接に感じているわけではない。だが、それでもなお、痛そうにしているひとを見れば、他人の痛みを感じてしまう。それはなぜだろうか、と。

この点について、ヴィトゲンシュタインは次のように論じている。

人間のようにふるまうものについてのみ、ひとは、それが痛みを感じている、と言うことができる。

確かに、私は他人の痛みを直接に捉えることはできない。だが、ヴィトゲンシュタインによると、経験の類似性に基づいて、「私」は他人の痛みを理解することができる。「私」が痛がるときと同じような振る舞いをするとき、たとえば顔をしかめたり、苦しそうな声を出したりするとき、そのひともまた痛がっていることが分かる。人間としての類似性が、痛みの感覚の理解を支えている。そうヴィトゲンシュタインは考えるのだ。

論理実証主義と相対主義

『論理哲学論考』と『哲学探究』の2つの極をもつヴィトゲンシュタインの哲学は、ヴィトゲンシュタイン自身を押しのけ、論理実証主義と相対主義を支えるバックボーンとして位置づけられた。

世界の外側にある「神秘」と、世界の内側にある生活様式。ヴィトゲンシュタインには、言語はそれ自体で自立しているのでなく、つねにそれを裏側から支える条件のもとで成立しているという感度があった。

だが、主義化した思想に、そのことは受け入れがたい。

なぜなら、主義とは本質的に、みずからの信念を軸として、物事を統一的に理解しようとする態度であるからだ。

対立項と妥協せず、自身の論理を貫徹したいという欲求、みずからの信念に基づき完全の理想を求める欲望が、主義の核をなしている。純粋であればあるほど、主義は自身を支える、より高次の条件が存在することを受け入れられない。

そのため、論理実証主義は、事実との一致を確かめられない言語表現を一切排除するように求め、相対主義は、一切の論理は言語の外側の条件によって規定されており、数学や論理学の知見もまた相対的なものにすぎないと論じるに至った。

分析哲学は、この2つの極をめぐって展開している。言いかえると、分析哲学の歴史は、厳密論理主義と相対主義の信念対立の歴史である。この対立を調停するための方法を、分析哲学は手にしていない。

論理実証主義は、事実と直接に照らし合わせることができない意味や価値に、形而上学というレッテルを貼って、哲学の対象外とした。だが、それは問題を解決したのではなく、単に切り捨てたにすぎない。

事実を測る論理で人間世界を測る試みにそもそもの無理があること、また、その本質的な理由を洞察せず、厳密な一致が成立しない事柄を哲学から取り除けばよいと考えた点に、論理実証主義の困難があった。

一方、相対主義の立場は、言語の一切はその外部の条件によって支えられるにすぎないと論じた。だが、相対主義は、その主張が自身へと適用されたときに、それを乗り越えるための方法をもたない。なぜならその場合、相対主義の主張もまた、相対的なものにすぎないことになるからである。

そのため、相対主義では、論理実証主義の立場を克服し、対立を調停するための原理を置くことができない。相対主義は、論理的に不徹底な仕方でしか生き残ることができないのだ。

言語の本質直観へ

こうした状況のなかで、私たちは言語の問題について、どのように取り組めばよいのか。それは、現象学の原理と方法で、本質直観を行うことである。

一切の前提を自覚的に取り除き、私たちが普段どのように言葉を使っているかの記憶を思い出して、私たちにとっての言葉の本質を取り出すこと。その上で、言語の本質についての共通了解を導くべく、議論を行うこと。それが、言語の現象学の基本の方向である。

ここでは、言語の現象学を展開することはできない。その代わりに、言語の現象学を展開する入口となる作業について、簡単に述べておきたい。

私たち人間の世界は、事実の世界ではなく、善悪や美醜といった価値の世界である。そして、価値は模写されるものではなく、ある観点のもとで解釈され、評価されるものである。

ニーチェが論じたように、解釈は、私たちの欲求や関心に応じて行われる。解釈においては、捉えられるべき「正解」はどこにも準備されていない。ニーチェは『権力への意志』で、次のように述べている。

現象に立ちどまって「あるのはただ事実のみ」と主張する実証主義に反対して、私は言うであろう、否、まさしく事実なるものはなく、あるのはただ解釈のみと。私たちはいかなる事実「自体」をも確かめることはできない。おそらく、そのようなことを欲するのは背理であろう。

人間世界は、意味の秩序である。それゆえ、世界像の厳密な一致は、原理的に不可能である。本質的なのは世界像の多様性であり、洞察しなければならないのは、その多様性の理由のほうである。

プラトンは『パイドロス』で、弁論の技術を追求する人は、複数の考えが成立する事柄と、容易に共通了解が成立しうる事柄の特徴を捉え、そのうえで、自分が論じようとする事柄がどちらに属するかを見てとらなければならない、と論じていた。

この点から考えれば、言語の現象学においては、言語が他の対象とどのように違うのかについての洞察が必要となる。

言語と事物の本質的な違いは何か。言語と音声の違いは何か。こうした問いを手がかりとして、言語の本質についての共通の洞察を進めていくこと。それが、言語についての共通了解を導くための基本の方向である。

言葉、可能性、共通了解

近代哲学者は、言葉による共通了解が、どのような可能性を生み出すかという点に関して、優れた洞察をもっていた。

言語による共通了解の営みを離れたところに、究極の真理や善を想定すれば、それは必ず独断論に行き着かざるをえない。ヘーゲルによるカントに対する批判は、この点に対して向けられていた。

近代哲学は、本質の独断論の対立を乗り越えるためには、それを乗り越えるための方法が必要であるという確信に支えられていた。

たとえば、ヘーゲルは『法の哲学』において次のように論じていた。いかに独断論を警戒しようと、自由の自覚が進展するとき、独断論は必然的に現れてくる。それは心構えや気持ちで、阻止あるいは解決できるものではない。独断論の動機を汲み取り、それを昇華する方法がなければ、失望がイロニーの形を取って現れてくるだけである、と。

自由の自覚を条件として、私たち人間は、完全なものを思い描く力を手に入れた。文化や宗教の「掟」によらず、ただ私たちの理性によって、完全な理想状態を構想することができる。その力の自覚が、哲学をそのつど進展させてきた。

タレス以来、哲学は、世界（＝宇宙）をある原理によって統一的に把握することを目標としてきた。その原理をつかむことができれば、世界についての統一理論を導くことができると考えられた。

その際、決定的な役割を果たしたのが、言葉である。

私たちは、無から有は生まれないという考えに慣れている。だがそれは、物理的な因果が支配する世界についてのみ当てはまるにすぎない。

アレントが正当に見て取ったように、言葉は、無から有を作り出す力を備えている。言葉は始点を作り出し、可能性を描き出す。言葉の力が、人間世界を、物理法則という

「運命」に貫かれた事物世界から決定的に区別するのである。

主義としての独断論

可能性に情熱が託されるとき、思想は主義へと昇華する。主義とは、言葉によって表現された情熱のことである。

主義の本質は、それが完全な理想を求めるという点にある。そして、ここに近代以来の固有の困難がある。というのは、ヘーゲルの言うように、自由の自覚が進展するとき、複数の善が現れ、様々な理想が成立するからだ。

その意味で、自由の進展と、信念対立は表裏一体のものである。自由の自覚が存在しないところでは、信念対立は起こらない。中世ヨーロッパにおける宗教対立はなぜ起こったのか。宗教改革が起こったからである。なぜ宗教改革が起こったのか。別の信仰のあり方を求める自由が、共同体のうちで一定の力をもつようになったからである。

自由の自覚が不可逆的であるように、宗教改革を止めることはできなかった。この点に関しては、ローマ・カトリックによる反宗教改革も何ら効力を発揮しえなかった。なぜなら、信念対立を解決するための方法を、その信念のうちから取り出すことは、原理的に不可能だからである。

哲学における諸主義は、それぞれの仕方で、統一理論の夢を思い描く。それらは他の主義とは相容れず、自身の論理を徹底して他の主義を否定したり、無視したりする。思想の自由を本質的な条件とする現代社会では、独断論が広範な賛同を得られないことが感覚としてつかまれている。そのため、今日では主義同士が全面対決することは避けられる傾向にある。その代わりに、ここでは、統一理論への夢が確固たる根拠をもたずに浮遊しているのだ。

ヘーゲルは次のような主旨の議論を行っていた。いかなる行為についても、その正しさは「私」自身の「断言」と他者の評価を通じてのみつかまれる。正しさの絶対的な基準は、ただその営みのうちにしか存在しない。そのことを受け入れるとき、完全な理想を求める欲望を、別の仕方で昇華することができるのだ、と。

ヘーゲルはこれを、道徳から良心への進展として描き出していた。ここではそれを、独断論同士の対立から、共通了解を求める営みへの展開として解釈することができる。

独断論には2つの必然性がある。成立と挫折の必然性だ。

自由の自覚は、理想の構想を可能にした。論理によって統一された世界、多様性によって充たされた世界、など。そのいずれも、私たちが言語をもとに編み出した、世界についての理想像である。

理想が主義として組織化されるとき、対立は必然である。論理は多様性を許容せず、多様性は論理による統一に対抗する。それぞれの立場を徹底する限り、対立は避けられない。

対立を解決するための方法を、対立する主義のうちから取り出すことはできない。ローマ・カトリックとプロテスタントの教義から、対立を調停する原理が見い出せないように、対立する主義から、対立を乗り越える方法を導くことはできない。それは妥協の試みである。主義の論理を徹底する限り、妥協は不可能だ。


独断論を避けつつ、共通了解を導くためには、どうすればよいのか。

この問いに対する答え自体は、単純である。絶対的な「正解」を事前に前提したり、この現実を離れたところに想定したりしないこと。そのうえで、自分自身の経験を振り返り、経験の意味を見て取ったうえで、それを概念の形に仕上げて、他者との言語ゲームのうちに置き入れること。概念をともに検討し、ともに磨き上げていく。その過程を通じて、その概念についての共通了解を作りあげることができる。

ここで重要なのは、一切の事柄が共通了解に達しうるわけではないということを明確に意識しておくことである。

共通了解できる事柄、しなければならないような事柄、しなくてもよい事柄、できない事柄……。これらをきちんと区別したうえで議論を行わなければ、了解の押し付けあいになってしまう。それでは本末転倒だ。

共通了解の意味

では、共通了解の意味は何だろうか。

何のために、私たちは共通了解を必要とするのか。

共通了解は、単に、相互に何を考えているかについての理解ではない。それは言葉を介した、価値観の相互了解である。

私たちは普段の経験から、「私」が考えたり好んだりすることが、他者のそれとは異なっていることを暗黙のうちに知っている。だが、私たちは差し当たりそのことを、いわば「何となく」知っているにすぎない。だから私たちは、ときに、思わぬタイミングで、相手と自分の価値観の違いに驚かされる。そう感じていたのか、知らなかった、というように。

この点において、共通了解の営みは、私たちに他者を深く知ることを可能にするための条件として働きうるものである。というのは、相手の言葉に耳を傾けることを通じて、以前はぼんやりとしか知らなかった相手の価値観や感受性についての、より磨かれた知を手に入れることができるからである。

私たちは、他者が何を考え、感じているかについての、ある確信をもっている。そして、その確信は「私」自身の記憶によって支えられている。

この観点から考えるとき、もはや、相手の本心が何であるかということは決定的な問題とはならない。そこでは、他者の価値観や感受性は、最終的には「私」の確信を超えないことがつかまれているからだ。

共通了解の営みは、他者の本心を教えてくれるものではない。他者が本当は最終的に何を考えたり感じたりしているかについて、私たちは決して直接に知ることができない。それは、原理的に不可能だ。

だが、他者の本心が知りえないからといって、他者の感受性や価値観がどうでもよいことになるわけではない。もし仮に、「私」と他者は異なる存在である、他者の心は覗けない、という言葉で万事が解決するのであれば、そもそも宗教も文学も哲学も生まれてくることはなかっただろう。

他者との差異も共通性も、一切は「私」にとっての確信である。そのことが正面から把握されていれば、他者についての了解が、独断に陥らないように注意を払うことができる。そして、もし相手が大切な存在であれば、その確信が揺らいだときに、あらためてそれを編みなおすべく、相手に問いなおしたり、相手の言葉に耳を傾けようとすることができる。その経験を重ねていくことで、私たちは、相手のことを少しずつ、深く知っていくことができるのだ。

失望を乗り越えるために

私たちは歴史上、様々な仕方で、世界を了解し、他者を了解し、自分を了解しようと試みてきた。

それは初め、神話を通じて行われた。神話は決して、古代人が暇を持て余して作り出したフィクションではない。それは世界全体を統一的に理解しようとする欲望や不安のもと生み出された、物語としての意味体系である。学問が誕生する以前、それ以外の仕方で世界の意味を把握し、他者の意味を知るための方法は存在しなかった。

ギリシア、エジプト、ペルシア、バビロニアの文明において、独自の神話が現れてくる。神話をもつ諸文明に挟まれて、ミレトスのタレスが、概念を原理とし、神話の複数性を乗り越え、世界を統一的に把握しようとする試みを初めて行った。タレスは、西洋哲学の創始者であると同時に、学の創始者でもあったのである。

近代に入り、世界の事実としての側面に関する理解を深めていく営みは、哲学から離れ、自然科学として独自の道を歩み始める。

自然科学は、世界を統一的に理解するための原理を仮説として定め、実験を通じてその妥当性を検証するという過程で進んでいく。新しい知見が得られれば、それによって既存の学説が更新され、世界についての理解の体系は、より包括的なものに置き換えられる。


こうした自然科学の進展の威力を目の当たりにして、哲学のうちで次のような考えが現れるに至った。

自然科学は日々進歩し、私たちの世界像を置き換えている。一方、哲学はどうだろうか。自然科学と比べて、実質的な進歩はほとんど見られない。あれこれと難解なことを論じているが、それは抽象的な空論でしかない。ここで、哲学に自然科学の方法論を持ち込めば、哲学もまた自然科学と同様に進歩することができるのではないだろうか、と。

論理実証主義は、その思考の一つの表現である。


だが、哲学の自然科学化の試みは、相対主義からの批判を受ける。

自然科学の知識を絶対視することはできない。むしろ、その知識もまた時代や文化のうちで変遷するものであり、つねに妥当性をもつとは言えない。哲学に自然科学の知見を持ち込んでも何かが変わるわけではない。そもそも初めから、一切の知識は相対的なものなのだから、と。

この対立における焦点、また、対立の条件については、すでに確認したので、繰り返さない。

だが、ここでつねに念頭に置いておくべきは、独断論の対立は、それぞれの主義を支える動機を了解へと促すような思考の原理によらない限り、根本的には解決されない、ということである。

信念対立を解決するための方法を示せば、それによって自然と解決がもたらされるわけではない。それぞれの信念には、それぞれの動機があるからだ。

では、何が必要なのか。それは、動機を支えている条件を、言葉によって相互に見て取ることである。何が善悪の価値基準を支えている条件として働いているのかを、記憶をたどって掘り起こすことである。

この点で、ニーチェの考察の態度が参考となる。

ニーチェは、キリスト教の倫理を批判した。だがニーチェは、その際、キリスト教における善悪そのものに向かったのではない。その代わりに、それを生み出す条件となる心理的動機を考察し、「現実」に対するルサンチマンが動力源として働き、キリスト教的な善悪が生み出されてくるのだ、と説くに至った。

そうした間接的なプロセスが必要となった理由、それは、ニーチェからすれば、善悪の価値は、あくまでも生み出された結果を超えないからである。

結果をいくら叩いたところで、それを生み出している源は無傷のままに残り続ける。ここで必要なのは、動機に届くような概念である。それを置くことができたときに初めて、その動機を向けかえ、善悪の価値基準をあらためて置きなおすことができるのである。

哲学が伝統的に取り組んできた中心の問題は、善悪の信念対立を解決し、共通了解を作りなおすことである。

ソクラテス以前の哲学者たちは、主に、世界の統一理論への夢を次第に形作りながら、哲学の営みを進めてきた。その展開は、当時の相対主義によって挫折を見る。そうした状況のなか、ソクラテスとプラトンは、私たちが考察するべきは善の本質である、と説いて現れてきた。

善についての深められた洞察が存在しなければ、どのように生きるのが「よい」かを知ることができず、それゆえ、「私」の生を「よく」気遣うことができない。善についての知は、そのための基準となるものである……。ソクラテスとプラトンにはそうした確信があった。


だが、善悪の形を独断することは避けなければいけない。さもなければ、善悪をめぐる対立と、相対主義が現れてくるからだ。

この点に関して、プラトンは、ソクラテスの影響を受けつつ、対話（ディアレクティケー）を方法として示し、それを用いつつみずからの著作を著している。

プラトンの対話篇では、必ずしも共通了解が導かれているわけではない。対話のうちで妥当な決着や合意を見ない場合も少なくない。

そして、私たちはまさにその「失敗」をこそ、正当に評価しなければならない。なぜなら、プラトンは自身の議論を通じて、共通了解は一挙に達成できるものではなく、開かれた哲学の営みのうちで、成功と失敗を重ねながら、少しずつ進展しうるだけであることを証しているからだ。その進展の過程のうちに、哲学という言語ゲームのもつ一つの本質がある。哲学もまた、対立と失望を乗り越えて、共通了解の原理を導き、それを鍛え上げてきたのだ。

＊

時代の気流を得た夢は天空へと舞い上がり、「美しい」星々となって私たちの行路を指し示す。

真実への憧れは、情熱をかき立てる。その情熱が思想の支柱を得るとき、主義が創出される。だが、主義は、まさにそれを生み出した条件によって他の主義との対立のうちに入る。自由は、無数の星々をもつ天空を構想する。夢の複数性、真実の複数性は、夢や真実への憧れと同じく、自由をその条件としているのだ。

主義を支える情熱は、真実の唯一性への確信をその核にもつ。複数の真実が存在するという現実に衝突するとき、情熱は醒め、「薄汚れた」現実へと失墜せずにはいない。だが哲学は、その地点から、そのつど、始めなおされてきたのだ。

諸主義の対立を乗り越える原理を探求し、共通了解を導く学として哲学が営まれるとき、情熱が復活する。その情熱は、もはや天空を見上げない。それはいまや、醒めた真摯さとして、現実へと向きなおるのである。

おわりに

哲学の一般的なイメージに、「答えの無いことをつねに考え続けること」というものがある。

あるいは、次のようなイメージもある。「哲学は自然科学と異なり、曖昧な概念をただ論じているにすぎない。」

こうしたものもある。「哲学は難しい。それにもかかわらず、昔から存在しているのは、何か価値ある答えがそこに潜んでいるからだ。哲学者の名言は、その答えを表現したものに違いない。」

これらのイメージは、それぞれ形は異なるが、一つの共通点をもっている。それは、哲学は真理についての絶対の知を導くことを目標としているはずだという直感である。本書では一貫して、そうした意味における知を「正解」という言葉で呼んできた。

タレス以来、哲学の中心の目的は、物事の本質、すなわち意味の核心を明らかにすることに置かれてきた。その目的を達成するためには、独断論同士の対立を防ぐための原理を導くことが求められる。本質の正解を独断すれば、そこから真の正解をめぐる対立が生じてくる。それは原理的にも、史実的にもそうである。近代以降の西洋哲学は、その対立の動機を踏まえつつ、共通了解を導くための原理を考察してきた。

正解から共通了解へ。自由の自覚が進展した近代以降、善悪をめぐる対立を解決するには、そうした方向へ進んでいかなければならない。これは原理的な観点から見る限り、きわめて正当である。

だが、原理が問題を解決するわけではない。原理はあくまでも方法である。その方法を受け入れるかどうかは、方法の妥当性とは異なる理由で決定されるものである。

批評家・小林秀雄の文章「様々なる意匠」に、次の一節がある。

卓れた芸術は、常に或る人の眸《まなざし》が心を貫くが如き現実性を持っているものだ。人間を現実への情熱に導かないあらゆる表象の建築は便覧《マニュアル》に過ぎない。人は便覧をもって右に曲がれば街へ出ると教える事はできる。然し、坐った人間を立たせる事は出来ない。

人は便覧によって動きはしない、事件によって動かされるのだ。

優れた哲学者の洞察には、私たちを現実への情熱へと導く力がある。それは言葉の巧みさ、あるいはその美しさによるのではない。彼らは、眩惑する言葉の力に頼ることなく、根本から洞察を行うことによって、現実を編み変えるための原理を導いてきた。開かれた言葉の営みのうちで磨かれてきた原理の強靭さが、私たちの意志をかき立て、私たち自身の現実に向き合うよう促してくるのだ。

自分は本書で、哲学の意味と方法についてのみ語ろうと思った。哲学は知のマニュアルではなく、本質の共通了解を導く方法を示すと同時に、その営みそれ自体でもある。この点に関する洞察を展開することが、本書における唯一の目的だった。

その目的がどれだけ果たせたかについては、ただ読者の方々の吟味に委ねるほかない。本書から、開かれた営みとしての哲学がもつ意味と可能性を受け取っていただけたなら、筆者としてそれ以上の喜びはない。

２０１８年４月　　　　　　　　　　　　　平原 卓

参考文献

内山勝利編訳『ソクラテス以前哲学者断片集 第1分冊』岩波書店、1996年。

アリストテレス、田中美知太郎 責任編集『世界の名著8』中央公論社、1972年。

アレント、志水速雄訳『革命について』ちくま学芸文庫、1995年。

カント、篠田英雄訳『純粋理性批判（上）』岩波文庫、1961年。

カント、篠田英雄訳『純粋理性批判（中）』岩波文庫、1961年。

カント、波多野精一、宮本和吉、篠田英雄訳『実践理性批判』岩波文庫、1979年。

クワイン、飯田隆訳『論理的観点から――論理と哲学をめぐる九章』勁草書房、1992年。

デカルト、野田又夫訳『精神指導の規則』岩波文庫、1974年。

ニーチェ、秋山英夫訳『悲劇の誕生』岩波文庫、1966年。

ニーチェ、信太正三訳『善悪の彼岸 道徳の系譜』ちくま学芸文庫、1993年。

ニーチェ、原佑訳『権力への意志（上）』ちくま学芸文庫、1993年。

ニーチェ、原佑訳『権力への意志（下）』ちくま学芸文庫、1993年。

ニーチェ、池尾健一訳『人間的、あまりに人間的1』ちくま学芸文庫、1994年。

ハイデッガー、原佑訳『哲学とは何か』理想社、1960年。

ハイデッガー、山本幾生、柴嵜雅子、ヴィル・クルンカー訳『哲学の根本的問い――「論理学」精選「諸問題」』創文社、1990年。

フクヤマ、渡部昇一訳『歴史の終わり（上）』、三笠書房、1992年。

フッサール、立松弘孝訳『現象学の理念』みすず書房、1965年。

フッサール、渡辺二郎訳『イデーン――純粋現象学と現象学的哲学のための諸構想1-1』みすず書房、1979年。

フッサール、細谷恒夫、木田元訳『ヨーロッパ諸学の危機と超越論的現象学』中公文庫、1995年。

プラトン、田中美知太郎編『世界の名著6』、中央公論社、1966年。

プラトン、藤沢令夫訳『パイドロス』岩波文庫、1967年。

プラトン、山本光雄訳『プラトン書簡集――哲学者から政治家へ』角川文庫、1970年。

プラトン、藤沢令夫訳『国家（上）』岩波文庫、2008年。

プラトン、藤沢令夫訳『国家（下）』岩波文庫、2008年。

ヘーゲル、松村一人訳『小論理学（上）』岩波文庫、1978年。

ヘーゲル、長谷川宏訳『哲学史講義（上）』河出書房新社、1992年。

ヘーゲル、藤野渉、赤沢正敏訳『法の哲学1』中央公論新社、2001年。

ヘーゲル、藤野渉、赤沢正敏訳『法の哲学2』中央公論新社、2001年。

ヘーゲル、金子武蔵訳『精神の現象学（上）』岩波書店、2002年。

ヘーゲル、寄川条路 監訳『美学講義』法政大学出版局、2017年。

ホッブズ、永井道雄、宗片邦義訳『世界の名著23』、中央公論社、1971年。

ヴィトゲンシュタイン、藤本隆志訳『哲学探究』大修館書店、1976年。

ヴィトゲンシュタイン、野矢茂樹訳『論理哲学論考』岩波文庫、2003年。

加藤信朗『ギリシア哲学史』東京大学出版会、1996年。

九鬼周造『「いき」の構造――他2篇』岩波文庫、1979年。

竹田青嗣『プラトン入門』ちくま新書、1999年。

竹田青嗣『欲望論』（上）講談社、2017年。

竹田青嗣、西研『完全解読 ヘーゲル『精神現象学』』講談社、2007年。

廣川洋一『ソクラテス以前の哲学者』講談社学術文庫、1997年。

藤本隆志『ウィトゲンシュタイン』講談社学術文庫、1998年。

著者
平原《ひらはら》 卓《すぐる》

1986年北海道生まれ。早稲田大学文学研究科修士課程修了（人文科学専攻）。哲学者。哲学解説ウェブサイト「Philosophy Guides」主宰。著書に『読まずに死ねない哲学名著50冊』（フォレスト出版）、『自分で考える練習』（KADOKAWA）など。

本質《ほんしつ》がわかる哲学的思考《てつがくてきしこう》

2018年4月30日　初版第1刷発行

著者　平原《ひらはら》 卓《すぐる》
発行者　塚原浩和
発行所　KKベストセラーズ
〒170-8457 東京都豊島区南大塚2-29-7
電話 03-5976-9121

ブックデザイン　フロッグキングスタジオ
DTP　三協美術
印刷所　近代美術
製本所　フォーネット社

 ISBN 978-4-584-13863-2 C0010